I0177307

HEBRÄISCH

WORTSCHATZ

DEUTSCH
HEBRÄISCH

Die nützlichsten Wörter
Zur Erweiterung Ihres Wortschatzes und
Verbesserung der Sprachfertigkeit

3000 Wörter

Wortschatz Deutsch-Hebräisch für das Selbststudium - 3000 Wörter

Von Andrey Taranov

T&P Books Vokabelbücher sind dafür vorgesehen, beim Lernen einer Fremdsprache zu helfen, Wörter zu memorieren und zu wiederholen. Das Wörterbuch ist nach Themen aufgeteilt und deckt alle wichtigen Bereiche des täglichen Lebens, Berufs, Wissenschaft, Kultur etc. ab.

Durch das Benutzen der themenbezogenen T&P Books ergeben sich folgende Vorteile für den Lernprozess:

- Sachgemäß geordnete Informationen bestimmen den späteren Erfolg auf den darauffolgenden Stufen der Memorisierung
- Die Verfügbarkeit von Wörtern, die sich aus der gleichen Wurzel ableiten lassen, erlaubt die Memorisierung von Worteinheiten (mehr als bei einzeln stehenden Wörtern)
- Kleine Worteinheiten unterstützen den Aufbauprozess von assoziativen Verbindungen für die Festigung des Wortschatzes
- Die Kenntnis der Sprache kann aufgrund der Anzahl der gelernten Wörter eingeschätzt werden

T&P Books Publishing
www.tpbooks.com

ISBN: 978-1-78716-419-2

Dieses Buch ist auch im E-Book Format erhältlich.
Besuchen Sie uns auch auf www.tpbooks.com oder auf einer der bedeutenden Buchhandlungen online.

WORTSCHATZ DEUTSCH-HEBRÄISCH
für das Selbststudium

Die Vokabelbücher von T&P Books sind dafür vorgesehen, Ihnen beim Lernen einer Fremdsprache zu helfen, Wörter zu memorieren und zu wiederholen. Der Wortschatz enthält über 3000 häufig gebrauchte, thematisch geordnete Wörter.

- Der Wortschatz enthält die am häufigsten benutzten Wörter
- Eignet sich als Ergänzung zu jedem Sprachkurs
- Erfüllt die Bedürfnisse von Anfängern und fortgeschrittenen Lernenden von Fremdsprachen
- Praktisch für den täglichen Gebrauch, zur Wiederholung und um sich selbst zu testen
- Ermöglicht es, Ihren Wortschatz einzuschätzen

Besondere Merkmale des Wortschatzes:

- Wörter sind entsprechend ihrer Bedeutung und nicht alphabetisch organisiert
- Wörter werden in drei Spalten präsentiert, um das Wiederholen und den Selbstüberprüfungsprozess zu erleichtern
- Wortgruppen werden in kleinere Einheiten aufgespalten, um den Lernprozess zu fördern
- Der Wortschatz bietet eine praktische und einfache Lautschrift jedes Wortes der Fremdsprache

Der Wortschatz hat 101 Themen, einschließlich:

Grundbegriffe, Zahlen, Farben, Monate, Jahreszeiten, Maßeinheiten, Kleidung und Accessoires, Essen und Ernährung, Restaurant, Familienangehörige, Verwandte, Charaktereigenschaften, Empfindungen, Gefühle, Krankheiten, Großstadt, Kleinstadt, Sehenswürdigkeiten, Einkaufen, Geld, Haus, Zuhause, Büro, Import & Export, Marketing, Arbeitssuche, Sport, Ausbildung, Computer, Internet, Werkzeug, Natur, Länder, Nationalitäten und vieles mehr...

INHALT

LEITFADEN FÜR DIE AUSSPRACHE

Name des Buchstaben	Buchstabe	Hebräisch Beispiel	T&P phonetisches Alphabet	Deutsch Beispiel
Aleph	א	אריה	[a], [a:]	da, das
	א	אחד	[ɛ], [ɛ:]	essen
	א	מָאָה	['] (hamza)	Glottisschlag
Beth	ב	בית	[b]	Brille
Gimel	ג	גמל	[g]	gelb
Gimel+Geresch	'ג	ג'ונגל	[dʒ]	Kambodscha
Daleth	ד	דג	[d]	Detektiv
He	ה	הר	[h]	brauchbar
Waw	ו	וסת	[v]	November
Zajin	ז	זאב	[z]	sein
Zajin+Geresch	'ז	ז'ורנל	[ʒ]	Regisseur
Chet	ח	חוט	[x]	billig
Tet	ט	טוב	[t]	still
Jod	י	יום	[j]	Jacke
Kaph	ך כ	בריש	[k]	Kalender
Lamed	ל	לחם	[l]	Juli
Mem	ם מ	מלך	[m]	Mitte
Nun	ן נ	נר	[n]	nicht
Samech	ס	סוס	[s]	sein
Ajin	ע	עין	[a], [a:]	da, das
	ע	תשעים	['] (ayn)	stimmhafte pharyngale Frikativ
Pe	ף פ	פיל	[p]	Polizei
Tzade	ץ צ	צעצוע	[ts]	Gesetz
Tzade+Geresch	'צ'י	צ'ק	[tʃ]	Matsch
Qoph	ק	קוף	[k]	Kalender
Resch	ר	רכבת	[r]	uvulare Vibrant [R]
Sin, Schin	ש	שלחן, עשרים	[s], [ʃ]	sein, Chance
Taw	ת	תפוז	[t]	still

ABKÜRZUNGEN
die im Vokabular verwendet werden

Deutsch. Abkürzungen

Adj	-	Adjektiv
Adv	-	Adverb
Amtsspr.	-	Amtssprache
f	-	Femininum
f, n	-	Femininum, Neutrum
Fem.	-	Femininum
m	-	Maskulinum
m, f	-	Maskulinum, Femininum
m, n	-	Maskulinum, Neutrum
Mask.	-	Maskulinum
n	-	Neutrum
pl	-	Plural
Sg.	-	Singular
ugs.	-	umgangssprachlich
unzähl.	-	unzählbar
usw.	-	und so weiter
v mod	-	Modalverb
vi	-	intransitives Verb
vi, vt	-	intransitives, transitives Verb
vt	-	transitives Verb
zähl.	-	zählbar
z.B.	-	zum Beispiel

Hebräisch. Abkürzungen

ז	-	Maskulinum
ז"ר	-	Maskulinum plural
ז, נ	-	Maskulinum, Femininum
נ	-	Femininum
נ"ר	-	Femininum plural

GRUNDBEGRIFFE

1. Pronomen

ich	ani	אֲנִי (ז, נ)
du (Mask.)	ata	אַתָּה (ז)
du (Fem.)	at	אַתְּ (נ)
er	hu	הוּא (ז)
sie	hi	הִיא (נ)
wir	a'naxnu	אֲנַחְנוּ (ז, נ)
ihr (Mask.)	atem	אַתֶּם (ז"ר)
ihr (Fem.)	aten	אַתֶּן (נ"ר)
Sie (Sg.)	ata, at	אַתָּה (ז), אַתְּ (נ)
Sie (pl)	atem, aten	אַתֶּם (ז"ר), אַתֶּן (נ"ר)
sie (Mask.)	hem	הֵם (ז"ר)
sie (Fem.)	hen	הֵן (נ"ר)

2. Grüße. Begrüßungen

Hallo! (ugs.)	ʃalom!	שָׁלוֹם!
Hallo! (Amtsspr.)	ʃalom!	שָׁלוֹם!
Guten Morgen!	'boker tov!	בּוֹקֶר טוֹב!
Guten Tag!	tsaha'rayim tovim!	צָהֳרַיִם טוֹבִים!
Guten Abend!	'erev tov!	עֶרֶב טוֹב!
grüßen (vi, vt)	lomar ʃalom	לוֹמַר שָׁלוֹם
Hallo! (ugs.)	hai!	הַיי!
Gruß (m)	ahlan	אַהְלָן
begrüßen (vt)	lomar ʃalom	לוֹמַר שָׁלוֹם
Wie geht's?	ma ʃlomxa?	מַה שְׁלוֹמְךָ? (ז)
Wie geht's dir?	ma niʃma?	מַה נִשְׁמַע?
Was gibt es Neues?	ma xadaʃ?	מַה חָדָשׁ?
Auf Wiedersehen!	lehitra'ot!	לְהִתְרָאוֹת!
Wiedersehen! Tschüs!	bai!	בַּיי!
Bis bald!	lehitra'ot bekarov!	לְהִתְרָאוֹת בְּקָרוֹב!
Lebe wohl! Leben Sie wohl!	lehitra'ot!	לְהִתְרָאוֹת!
sich verabschieden	lomar lehitra'ot	לוֹמַר לְהִתְרָאוֹת
Tschüs!	bai!	בַּיי!
Danke!	toda!	תּוֹדָה!
Dankeschön!	toda raba!	תּוֹדָה כַּבָּה!
Bitte (Antwort)	bevakaʃa	בְּבַקָּשָׁה
Keine Ursache.	al lo davar	עַל לֹא דָּבָר
Nichts zu danken.	ein be'ad ma	אֵין בְּעַד מָה
Entschuldige!	slixa!	סְלִיחָה!

| Entschuldigung! | sliҳa! | סלִיחָה! |
| entschuldigen (vt) | lis'loaҳ | לִסְלֹוחַ |

sich entschuldigen	lehitnatsel	לְהִתְנַצֵּל
Verzeihung!	ani mitnatsel, ani mitna'tselet	אֲנִי מִתְנַצֵּל (т), אֲנִי מִתְנַצֶּלֶת (נ)
Es tut mir leid!	ani mitsta'er, ani mitsta''eret	אֲנִי מִצְטַעֵר (т), אֲנִי מִצְטַעֶרֶת (נ)
verzeihen (vt)	lis'loaҳ	לִסְלֹוחַ
Das macht nichts!	lo nora	לֹא נֹורָא
bitte (Die Rechnung, ~!)	bevakaʃa	בְּבַקָּשָׁה

Nicht vergessen!	al tiʃkaҳ!	אַל תִּשְׁכַּח! (т)
Natürlich!	'betaҳ!	בֶּטַח!
Natürlich nicht!	'betaҳ ʃelo!	בֶּטַח שֶׁלֹּא!
Gut! Okay!	okei!	אֹוקֵיי!
Es ist genug!	maspik!	מַסְפִּיק!

3. Fragen

Wer?	mi?	מִי?
Was?	ma?	מָה?
Wo?	'eifo?	אֵיפֹה?
Wohin?	le'an?	לְאָן?
Woher?	me''eifo?	מֵאֵיפֹה?
Wann?	matai?	מָתַי?
Wozu?	'lama?	לָמָה?
Warum?	ma'du'a?	מַדּוּעַ?

Wofür?	biʃvil ma?	בִּשְׁבִיל מָה?
Wie?	eiҳ, keitsad?	כֵּיצַד? אֵיךְ?
Welcher?	'eize?	אֵיזֶה?

Wem?	lemi?	לְמִי?
Über wen?	al mi?	עַל מִי?
Wovon? (~ sprichst du?)	al ma?	עַל מָה?
Mit wem?	im mi?	עִם מִי?

| Wie viel? Wie viele? | 'kama? | כַּמָה? |
| Wessen? | ʃel mi? | שֶׁל מִי? |

4. Präpositionen

mit (Frau ~ Katzen)	im	עִם
ohne (~ Dich)	bli, lelo	בְּלִי, לְלֹא
nach (~ London)	le...	לְ...
über (~ Geschäfte sprechen)	al	עַל
vor (z.B. ~ acht Uhr)	lifnei	לִפְנֵי
vor (z.B. ~ dem Haus)	lifnei	לִפְנֵי

unter (~ dem Schirm)	mi'taҳat le...	מִתַּחַת לְ...
über (~ dem Meeresspiegel)	me'al	מֵעַל
auf (~ dem Tisch)	al	עַל
aus (z.B. ~ München)	mi, me	מ, מֵ

aus (z.B. ~ Porzellan)	mi, me	מ, מֵ
in (~ zwei Tagen)	tox	תּוֹךְ
über (~ zaun)	'derex	דֶּרֶךְ

5. Funktionswörter. Adverbien. Teil 1

Wo?	'eifo?	אֵיפֹה?
hier	po, kan	פֹּה, כָּאן
dort	ʃam	שָׁם

| irgendwo | 'eifo ʃehu | אֵיפֹה שֶׁהוּא |
| nirgends | beʃum makom | בְּשׁוּם מָקוֹם |

| an (bei) | leyad ... | לְיַד ... |
| am Fenster | leyad haxalon | לְיַד הַחַלּוֹן |

Wohin?	le'an?	לְאָן?
hierher	'hena, lekan	הֵנָּה; לְכָאן
dahin	leʃam	לְשָׁם
von hier	mikan	מִכָּאן
von da	miʃam	מִשָּׁם

| nah (Adv) | karov | קָרוֹב |
| weit, fern (Adv) | raxok | רָחוֹק |

in der Nähe von ...	leyad	לְיַד
in der Nähe	karov	קָרוֹב
unweit (~ unseres Hotels)	lo raxok	לֹא רָחוֹק

link (Adj)	smali	שְׂמָאלִי
links (Adv)	mismol	מִשְּׂמֹאל
nach links	'smola	שְׂמֹאלָה

recht (Adj)	yemani	יְמָנִי
rechts (Adv)	miyamin	מִיָּמִין
nach rechts	ya'mina	יָמִינָה

vorne (Adv)	mika'dima	מִקָּדִימָה
Vorder-	kidmi	קִדְמִי
vorwärts	ka'dima	קָדִימָה

hinten (Adv)	me'axor	מֵאָחוֹר
von hinten	me'axor	מֵאָחוֹר
rückwärts (Adv)	a'xora	אֲחוֹרָה

| Mitte (f) | 'emtsa | אֶמְצַע (ז) |
| in der Mitte | ba"emtsa | בָּאֶמְצַע |

seitlich (Adv)	mehatsad	מֵהַצַּד
überall (Adv)	bexol makom	בְּכָל מָקוֹם
ringsherum (Adv)	misaviv	מִסָּבִיב

| von innen (Adv) | mibifnim | מִבִּפְנִים |
| irgendwohin (Adv) | le'an ʃehu | לְאָן שֶׁהוּא |

geradeaus (Adv)	yaʃar	יָשָׁר
zurück (Adv)	baχazara	בַּחֲזָרָה
irgendwoher (Adv)	me'ei ʃam	מֵאֵי שָׁם
von irgendwo (Adv)	me'ei ʃam	מֵאֵי שָׁם
erstens	reʃit	רֵאשִׁית
zweitens	ʃenit	שֵׁנִית
drittens	ʃliʃit	שְׁלִישִׁית
plötzlich (Adv)	pit'om	פִּתְאוֹם
zuerst (Adv)	behatslaχa	בְּהַתְחָלָה
zum ersten Mal	lariʃona	לָרִאשׁוֹנָה
lange vor...	zman rav lifnei ...	זְמַן רַב לִפְנֵי ...
von Anfang an	meχadaʃ	מֵחָדָשׁ
für immer	letamid	לְתָמִיד
nie (Adv)	af 'pa'am, me'olam	מֵעוֹלָם, אַף פַּעַם
wieder (Adv)	ʃuv	שׁוּב
jetzt (Adv)	aχʃav, ka'et	עַכְשָׁיו, כָּעֵת
oft (Adv)	le'itim krovot	לְעִיתִים קְרוֹבוֹת
damals (Adv)	az	אָז
dringend (Adv)	bidχifut	בִּדְחִיפוּת
gewöhnlich (Adv)	be'dereχ klal	בְּדֶרֶךְ כְּלָל
übrigens, ...	'dereχ 'agav	דֶּרֶךְ אַגַּב
möglicherweise (Adv)	eʃʃari	אֶפְשָׁרִי
wahrscheinlich (Adv)	kanir'e	כַּנִרְאָה
vielleicht (Adv)	ulai	אוּלַי
außerdem ...	χuts mize ...	חוּץ מִזֶּה ...
deshalb ...	laχen	לָכֵן
trotz ...	lamrot ...	לַמְרוֹת ...
dank ...	hodot le...	הוֹדוֹת לְ...
was (~ ist denn?)	ma	מַה
das (~ ist alles)	ʃe	שֶׁ
etwas	'maʃehu	מַשֶׁהוּ
irgendwas	'maʃehu	מַשֶׁהוּ
nichts	klum	כְּלוּם
wer (~ ist ~?)	mi	מִי
jemand	'miʃehu, 'miʃehi	מִישֶׁהוּ (ז), מִישֶׁהִי (נ)
irgendwer	'miʃehu, 'miʃehi	מִישֶׁהוּ (ז), מִישֶׁהִי (נ)
niemand	af eχad, af aχat	אַף אֶחָד (ז), אַף אַחַת (נ)
nirgends	leʃum makom	לְשׁוּם מָקוֹם
niemandes (~ Eigentum)	lo ʃayaχ le'af eχad	לֹא שַׁיָּיךְ לְאַף אֶחָד
jemandes	ʃel 'miʃehu	שֶׁל מִישֶׁהוּ
so (derart)	kol kaχ	כָּל־כָּךְ
auch	gam	גַּם
ebenfalls	gam	גַּם

6. Funktionswörter. Adverbien. Teil 2

Warum?	ma'du'a?	מַדוּעַ?
aus irgendeinem Grund	miʃum ma	מִשׁוּם־מָה
weil ...	miʃum ʃe	מִשׁוּם שֶׁ
zu irgendeinem Zweck	lematara 'kolʃehi	לְמַטָּרָה כָּלְשֶׁהִי

und	ve ...	וְ ...
oder	o	אוֹ
aber	aval, ulam	אֲבָל, אוּלָם
für (präp)	biʃvil	בִּשְׁבִיל

zu (~ viele)	yoter midai	יוֹתֵר מִדַּי
nur (~ einmal)	rak	רַק
genau (Adv)	bediyuk	בְּדִיּוּק
etwa	be"ereχ	בְּעֵרֶךְ

ungefähr (Adv)	be"ereχ	בְּעֵרֶךְ
ungefähr (Adj)	meʃo'ar	מְשׁוֹעָר
fast	kim'at	כִּמְעַט
Übrige (n)	ʃe'ar	שְׁאָר (ז)

der andere	aχer	אַחֵר
andere	aχer	אַחֵר
jeder (~ Mann)	kol	כֹּל
beliebig (Adj)	kolʃehu	כָּלְשֶׁהוּ
viel	harbe	הַרְבֵּה
viele Menschen	harbe	הַרְבֵּה
alle (wir ~)	kulam	כֻּלָּם

im Austausch gegen ...	tmurat ...	תְּמוּרַת ...
dafür (Adv)	bitmura	בִּתְמוּרָה
mit der Hand (Hand-)	bayad	בַּיָּד
schwerlich (Adv)	safek im	סָפֵק אִם

wahrscheinlich (Adv)	karov levadai	קָרוֹב לְוַדַּאי
absichtlich (Adv)	'davka	דַּוְקָא
zufällig (Adv)	bemikre	בְּמִקְרֶה

sehr (Adv)	me'od	מְאוֹד
zum Beispiel	lemaʃal	לְמָשָׁל
zwischen	bein	בֵּין
unter (Wir sind ~ Mördern)	be'kerev	בְּקֶרֶב
so viele (~ Ideen)	kol kaχ harbe	כָּל־כָּךְ הַרְבֵּה
besonders (Adv)	bimyuχad	בִּמְיוּחָד

ZAHLEN. VERSCHIEDENES

7. Grundzahlen. Teil 1

null	'efes	אֶפֶס (ז)
eins	eχad	אֶחָד (ז)
eine	aχat	אַחַת (נ)
zwei	'ʃtayim	שְׁתַּיִם (נ)
drei	ʃaloʃ	שָׁלוֹשׁ (נ)
vier	arba	אַרְבַּע (נ)

fünf	χameʃ	חָמֵשׁ (נ)
sechs	ʃeʃ	שֵׁשׁ (נ)
sieben	'ʃeva	שֶׁבַע (נ)
acht	'ʃmone	שְׁמוֹנֶה (נ)
neun	'teʃa	תֵּשַׁע (נ)

zehn	'eser	עֶשֶׂר (נ)
elf	aχat esre	אַחַת־עֶשְׂרֵה (נ)
zwölf	ʃteim esre	שְׁתֵּים־עֶשְׂרֵה (נ)
dreizehn	ʃloʃ esre	שְׁלוֹשׁ־עֶשְׂרֵה (נ)
vierzehn	arba esre	אַרְבַּע־עֶשְׂרֵה (נ)

fünfzehn	χameʃ esre	חֲמֵשׁ־עֶשְׂרֵה (נ)
sechzehn	ʃeʃ esre	שֵׁשׁ־עֶשְׂרֵה (נ)
siebzehn	ʃva esre	שְׁבַע־עֶשְׂרֵה (נ)
achtzehn	ʃmone esre	שְׁמוֹנֶה־עֶשְׂרֵה (נ)
neunzehn	tʃa esre	תְּשַׁע־עֶשְׂרֵה (נ)

zwanzig	esrim	עֶשְׂרִים
einundzwanzig	esrim ve'eχad	עֶשְׂרִים וְאֶחָד
zweiundzwanzig	esrim u'ʃnayim	עֶשְׂרִים וּשְׁנַיִם
dreiundzwanzig	esrim uʃloʃa	עֶשְׂרִים וּשְׁלוֹשָׁה

dreißig	ʃloʃim	שְׁלוֹשִׁים
einunddreißig	ʃloʃim ve'eχad	שְׁלוֹשִׁים וְאֶחָד
zweiunddreißig	ʃloʃim u'ʃnayim	שְׁלוֹשִׁים וּשְׁנַיִם
dreiunddreißig	ʃloʃim uʃloʃa	שְׁלוֹשִׁים וּשְׁלוֹשָׁה

vierzig	arba'im	אַרְבָּעִים
einundvierzig	arba'im ve'eχad	אַרְבָּעִים וְאֶחָד
zweiundvierzig	arba'im u'ʃnayim	אַרְבָּעִים וּשְׁנַיִם
dreiundvierzig	arba'im uʃloʃa	אַרְבָּעִים וּשְׁלוֹשָׁה

fünfzig	χamiʃim	חֲמִישִׁים
einundfünfzig	χamiʃim ve'eχad	חֲמִישִׁים וְאֶחָד
zweiundfünfzig	χamiʃim u'ʃnayim	חֲמִישִׁים וּשְׁנַיִם
dreiundfünfzig	χamiʃim uʃloʃa	חֲמִישִׁים וּשְׁלוֹשָׁה
sechzig	ʃiʃim	שִׁישִׁים
einundsechzig	ʃiʃim ve'eχad	שִׁישִׁים וְאֶחָד

| zweiundsechzig | ʃiʃim u'ʃnayim | שִׁשִׁים וּשְׁנַיִם |
| dreiundsechzig | ʃiʃim uʃloʃa | שִׁשִׁים וּשְׁלוֹשָׁה |

siebzig	ʃiv'im	שִׁבְעִים
einundsiebzig	ʃiv'im ve'eχad	שִׁבְעִים וְאֶחָד
zweiundsiebzig	ʃiv'im u'ʃnayim	שִׁבְעִים וּשְׁנַיִם
dreiundsiebzig	ʃiv'im uʃloʃa	שִׁבְעִים וּשְׁלוֹשָׁה

achtzig	ʃmonim	שְׁמוֹנִים
einundachtzig	ʃmonim ve'eχad	שְׁמוֹנִים וְאֶחָד
zweiundachtzig	ʃmonim u'ʃnayim	שְׁמוֹנִים וּשְׁנַיִם
dreiundachtzig	ʃmonim uʃloʃa	שְׁמוֹנִים וּשְׁלוֹשָׁה

neunzig	tiʃim	תִּשְׁעִים
einundneunzig	tiʃim ve'eχad	תִּשְׁעִים וְאֶחָד
zweiundneunzig	tiʃim u'ʃayim	תִּשְׁעִים וּשְׁנַיִם
dreiundneunzig	tiʃim uʃloʃa	תִּשְׁעִים וּשְׁלוֹשָׁה

8. Grundzahlen. Teil 2

einhundert	'me'a	מֵאָה (נ)
zweihundert	ma'tayim	מָאתַיִם
dreihundert	ʃloʃ me'ot	שְׁלוֹשׁ מֵאוֹת (נ)
vierhundert	arba me'ot	אַרְבַּע מֵאוֹת (נ)
fünfhundert	χameʃ me'ot	חֲמֵשׁ מֵאוֹת (נ)

sechshundert	ʃeʃ me'ot	שֵׁשׁ מֵאוֹת (נ)
siebenhundert	ʃva me'ot	שְׁבַע מֵאוֹת (נ)
achthundert	ʃmone me'ot	שְׁמוֹנֶה מֵאוֹת (נ)
neunhundert	tʃa me'ot	תְּשַׁע מֵאוֹת (נ)

eintausend	'elef	אֶלֶף (ז)
zweitausend	al'payim	אַלְפַּיִם (ז)
dreitausend	'ʃloʃet alafim	שְׁלוֹשֶׁת אֲלָפִים (ז)
zehntausend	a'seret alafim	עֲשֶׂרֶת אֲלָפִים (ז)
hunderttausend	'me'a 'elef	מֵאָה אֶלֶף (ז)
Million (f)	milyon	מִילְיוֹן (ז)
Milliarde (f)	milyard	מִילְיַארְד (ז)

9. Ordnungszahlen

der erste	riʃon	רִאשׁוֹן
der zweite	ʃeni	שֵׁנִי
der dritte	ʃliʃi	שְׁלִישִׁי
der vierte	revi'i	רְבִיעִי
der fünfte	χamiʃi	חֲמִישִׁי

der sechste	ʃiʃi	שִׁישִׁי
der siebte	ʃvi'i	שְׁבִיעִי
der achte	ʃmini	שְׁמִינִי
der neunte	tʃi'i	תְּשִׁיעִי
der zehnte	asiri	עֲשִׂירִי

FARBEN. MAßEINHEITEN

10. Farben

Farbe (f)	'tseva	צֶבַע (ז)
Schattierung (f)	gavan	גָּוֶן (ז)
Farbton (m)	gavan	גָּוֶן (ז)
Regenbogen (m)	'keʃet	קֶשֶׁת (נ)
weiß	lavan	לָבָן
schwarz	ʃaχor	שָׁחוֹר
grau	afor	אָפוֹר
grün	yarok	יָרוֹק
gelb	tsahov	צָהוֹב
rot	adom	אָדוֹם
blau	kaχol	כָּחוֹל
hellblau	taχol	תְּכוֹל
rosa	varod	וָרוֹד
orange	katom	כָּתוֹם
violett	segol	סָגוֹל
braun	χum	חוּם
golden	zahov	זָהוֹב
silbrig	kasuf	כָּסוּף
beige	beʒ	בֶּז'
cremefarben	be'tseva krem	בְּצֶבַע קְרֶם
türkis	turkiz	טוּרְקִיז
kirschrot	bordo	בּוֹרְדוֹ
lila	segol	סָגוֹל
himbeerrot	patol	פָּטוֹל
hell	bahir	בָּהִיר
dunkel	kehe	כֵּהֶה
grell	bohek	בּוֹהֵק
Farb- (z.B. -stifte)	tsiv'oni	צִבְעוֹנִי
Farb- (z.B. -film)	tsiv'oni	צִבְעוֹנִי
schwarz-weiß	ʃaχor lavan	שָׁחוֹר-לָבָן
einfarbig	χad tsiv'i	חַד-צִבְעִי
bunt	sasgoni	סַסְגּוֹנִי

11. Maßeinheiten

Gewicht (n)	miʃkal	מִשְׁקָל (ז)
Länge (f)	'oreχ	אוֹרֶךְ (ז)

Breite (f)	'roχav	רוֹחַב (ז)
Höhe (f)	'gova	גוֹבַה (ז)
Tiefe (f)	'omek	עוֹמֶק (ז)
Volumen (n)	'nefaχ	נֶפַח (ז)
Fläche (f)	'fetaχ	שֶׁטַח (ז)

Gramm (n)	gram	גְרַם (ז)
Milligramm (n)	miligram	מִילִיגְרַם (ז)
Kilo (n)	kilogram	קִילוֹגְרַם (ז)
Tonne (f)	ton	טוֹן (ז)
Pfund (n)	'pa'und	פָאוּנד (ז)
Unze (f)	'unkiya	אוּנקִיַה (נ)

Meter (m)	'meter	מֶטֶר (ז)
Millimeter (m)	mili'meter	מִילִימֶטֶר (ז)
Zentimeter (m)	senti'meter	סֶנטִימֶטֶר (ז)
Kilometer (m)	kilo'meter	קִילוֹמֶטֶר (ז)
Meile (f)	mail	מַייל (ז)

Zoll (m)	intʃ	אִינץ' (ז)
Fuß (m)	'regel	רֶגֶל (נ)
Yard (n)	yard	יַרד (ז)

| Quadratmeter (m) | 'meter ra'vuʻa | מֶטֶר רָבוּעַ (ז) |
| Hektar (n) | hektar | הֶקטָר (ז) |

Liter (m)	litr	לִיטר (ז)
Grad (m)	maʻala	מַעֲלָה (נ)
Volt (n)	volt	ווֹלט (ז)
Ampere (n)	amper	אַמפֶר (ז)
Pferdestärke (f)	'koaχ sus	כּוֹחַ סוּס (ז)

Anzahl (f)	kamut	כַּמוּת (נ)
etwas ...	ktsat ...	קְצָת ...
Hälfte (f)	'χetsi	חֲצִי (ז)
Dutzend (n)	tresar	תרֵיסָר (ז)
Stück (n)	yeχida	יְחִידָה (נ)

| Größe (f) | 'godel | גוֹדֶל (ז) |
| Maßstab (m) | kne mida | קְנֵה מִידָה (ז) |

minimal (Adj)	mini'mali	מִינִימָאלִי
der kleinste	hakatan beyoter	הַקָטָן בְּיוֹתֵר
mittler, mittel-	memutsa	מְמוּצָע
maximal (Adj)	maksi'mali	מַקסִימָלִי
der größte	hagadol beyoter	הַגָדוֹל בְּיוֹתֵר

12. Behälter

Glas (Einmachglas)	tsin'tsenet	צִנצֶנֶת (נ)
Dose (z.B. Bierdose)	paχit	פַחִית (נ)
Eimer (m)	dli	דלִי (ז)
Fass (n), Tonne (f)	χavit	חָבִית (נ)
Waschschüssel (n)	gigit	גִיגִית (נ)

Tank (m)	meiχal	מֵיכָל (ז)
Flachmann (m)	meimiya	מֵימִיָּה (נ)
Kanister (m)	'dʒerikan	גֶ'רִיקָן (ז)
Zisterne (f)	meχalit	מֵיכָלִית (נ)

Kaffeebecher (m)	'sefel	סֵפֶל (ז)
Tasse (f)	'sefel	סֵפֶל (ז)
Untertasse (f)	taχtit	תַּחְתִּית (נ)
Wasserglas (n)	kos	כּוֹס (נ)
Weinglas (n)	ga'vi'a	גָּבִיעַ (ז)
Kochtopf (m)	sir	סִיר (ז)

| Flasche (f) | bakbuk | בַּקְבּוּק (ז) |
| Flaschenhals (m) | tsavar habakbuk | צַוַּאר הַבַּקְבּוּק (ז) |

Karaffe (f)	kad	כַּד (ז)
Tonkrug (m)	kankan	קַנְקַן (ז)
Gefäß (n)	kli	כְּלִי (ז)
Tontopf (m)	sir 'χeres	סִיר חֶרֶס (ז)
Vase (f)	agartal	אֲגַרְטָל (ז)

Flakon (n)	tsloχit	צְלוֹחִית (נ)
Fläschchen (n)	bakbukon	בַּקְבּוּקוֹן (ז)
Tube (z.B. Zahnpasta)	ʃfo'feret	שְׁפוֹפֶרֶת (נ)

Sack (~ Kartoffeln)	sak	שַׂק (ז)
Tüte (z.B. Plastiktüte)	sakit	שַׂקִּית (נ)
Schachtel (f) (z.B. Zigaretten~)	χafisa	חֲפִיסָה (נ)

Karton (z.B. Schuhkarton)	kufsa	קוּפְסָה (נ)
Kiste (z.B. Bananenkiste)	argaz	אַרְגָּז (ז)
Korb (m)	sal	סַל (ז)

DIE WICHTIGSTEN VERBEN

13. Die wichtigsten Verben. Teil 1

abbiegen (nach links ~)	lifnot	לִפְנוֹת
abschicken (vt)	liʃ'loaχ	לִשְׁלוֹחַ
ändern (vt)	leʃanot	לְשַׁנּוֹת
andeuten (vt)	lirmoz	לִרְמוֹז
Angst haben	lefaχed	לְפַחֵד
ankommen (vi)	leha'gi'a	לְהַגִּיעַ
antworten (vi)	la'anot	לַעֲנוֹת
arbeiten (vi)	la'avod	לַעֲבוֹד
auf ... zählen	lismoχ al	לִסְמוֹךְ עַל
aufbewahren (vt)	liʃmor	לִשְׁמוֹר
aufschreiben (vt)	lirʃom	לִרְשׁוֹם
ausgehen (vi)	latset	לָצֵאת
aussprechen (vt)	levate	לְבַטֵּא
bedauern (vt)	lehitsta'er	לְהִצְטַעֵר
bedeuten (vt)	lomar	לוֹמַר
beenden (vt)	lesayem	לְסַיֵּם
befehlen (Milit.)	lifkod	לִפְקוֹד
befreien (Stadt usw.)	leʃaχrer	לְשַׁחְרֵר
beginnen (vt)	lehatχil	לְהַתְחִיל
bemerken (vt)	lasim lev	לָשִׂים לֵב
beobachten (vt)	litspot, lehaʃkif	לִצְפּוֹת, לְהַשְׁקִיף
berühren (vt)	la'ga'at	לָגַעַת
besitzen (vt)	lihyot 'ba'al ʃel	לִהְיוֹת בַּעַל שֶׁל
besprechen (vt)	ladun	לָדוּן
bestehen auf	lehit'akeʃ	לְהִתְעַקֵּשׁ
bestellen (im Restaurant)	lehazmin	לְהַזְמִין
bestrafen (vt)	leha'aniʃ	לְהַעֲנִישׁ
beten (vi)	lehitpalel	לְהִתְפַּלֵּל
bitten (vt)	levakeʃ	לְבַקֵּשׁ
brechen (vt)	liʃbor	לִשְׁבּוֹר
denken (vi, vt)	laχʃov	לַחְשׁוֹב
drohen (vi)	le'ayem	לְאַיֵּם
Durst haben	lihyot tsame	לִהְיוֹת צָמֵא
einladen (vt)	lehazmin	לְהַזְמִין
einstellen (vt)	lehafsik	לְהַפְסִיק
einwenden (vt)	lehitnaged	לְהִתְנַגֵּד
empfehlen (vt)	lehamlits	לְהַמְלִיץ
erklären (vt)	lehasbir	לְהַסְבִּיר
erlauben (vt)	leharʃot	לְהַרְשׁוֹת

ermorden (vt)	laharog	לַהֲרוֹג
erwähnen (vt)	lehazkir	לְהַזְכִּיר
existieren (vi)	lehitkayem	לְהִתְקַיֵּים

14. Die wichtigsten Verben. Teil 2

fallen (vi)	lipol	לִיפּוֹל
fallen lassen	lehapil	לְהַפִּיל
fangen (vt)	litfos	לִתְפּוֹס
finden (vt)	limtso	לִמְצֹא
fliegen (vi)	la'uf	לָעוּף

folgen (Folge mir!)	la'akov aχarei	לַעֲקוֹב אַחֲרֵי
fortsetzen (vt)	lehamʃiχ	לְהַמְשִׁיךְ
fragen (vt)	liʃol	לִשְׁאוֹל
frühstücken (vi)	le'eχol aruχat 'boker	לֶאֱכוֹל אֲרוּחַת בּוֹקֶר
geben (vt)	latet	לָתֵת

gefallen (vi)	limtso χen be'ei'nayim	לִמְצֹא חֵן בְּעֵינַיים
gehen (zu Fuß gehen)	la'leχet	לָלֶכֶת
gehören (vi)	lehiʃtayeχ	לְהִשְׁתַּיֵּיךְ
graben (vt)	laχpor	לַחְפּוֹר

haben (vt)	lehaχzik	לְהַחְזִיק
helfen (vi)	la'azor	לַעֲזוֹר
herabsteigen (vi)	la'redet	לָרֶדֶת
hereinkommen (vi)	lehikanes	לְהִיכָּנֵס

hoffen (vi)	lekavot	לְקַוּוֹת
hören (vt)	liʃmo'a	לִשְׁמוֹעַ
hungrig sein	lihyot ra'ev	לִהְיוֹת רָעֵב
informieren (vt)	leho'dia	לְהוֹדִיעַ
jagen (vi)	latsud	לָצוּד

kennen (vt)	lehakir et	לְהַכִּיר אֶת
klagen (vi)	lehitlonen	לְהִתְלוֹנֵן
können (v mod)	yaχol	יָכוֹל
kontrollieren (vt)	liʃlot	לִשְׁלוֹט
kosten (vt)	la'alot	לַעֲלוֹת

kränken (vt)	leha'aliv	לְהַעֲלִיב
lächeln (vi)	leχayeχ	לְחַיֵּיךְ
lachen (vi)	litsχok	לִצְחוֹק
laufen (vi)	laruts	לָרוּץ
leiten (Betrieb usw.)	lenahel	לְנַהֵל

lernen (vt)	lilmod	לִלְמוֹד
lesen (vi, vt)	likro	לִקְרוֹא
lieben (vt)	le'ehov	לֶאֱהוֹב
machen (vt)	la'asot	לַעֲשׂוֹת

mieten (Haus usw.)	liskor	לִשְׂכּוֹר
nehmen (vt)	la'kaχat	לָקַחַת
noch einmal sagen	laχazor al	לַחֲזוֹר עַל

| nötig sein | lehidareʃ | לְהִידָּרֵשׁ |
| öffnen (vt) | lif'toax | לִפְתּוֹחַ |

15. Die wichtigsten Verben. Teil 3

planen (vt)	letaxnen	לְתַכְנֵן
prahlen (vi)	lehitravrev	לְהִתְרַבְרֵב
raten (vt)	leya'ets	לְיָיֵץ
rechnen (vt)	lispor	לִסְפּוֹר
reservieren (vt)	lehazmin meroʃ	לְהַזְמִין מֵרֹאשׁ

retten (vt)	lehatsil	לְהַצִּיל
richtig raten (vt)	lenaxeʃ	לְנַחֵשׁ
rufen (um Hilfe ~)	likro	לִקְרוֹא
sagen (vt)	lomar	לוֹמַר
schaffen (Etwas Neues zu ~)	litsor	לִיצוֹר

schelten (vt)	linzof	לִנְזוֹף
schießen (vi)	lirot	לִירוֹת
schmücken (vt)	lekaʃet	לְקַשֵּׁט
schreiben (vi, vt)	lixtov	לִכְתּוֹב
schreien (vi)	lits'ok	לִצְעוֹק

schweigen (vi)	liʃtok	לִשְׁתּוֹק
schwimmen (vi)	lisxot	לִשְׂחוֹת
schwimmen gehen	lehitraxets	לְהִתְרַחֵץ
sehen (vi, vt)	lir'ot	לִרְאוֹת

sein (vi)	lihyot	לִהְיוֹת
sich beeilen	lemaher	לְמַהֵר
sich entschuldigen	lehitnatsel	לְהִתְנַצֵּל

sich interessieren	lehit'anyen be...	...לְהִתְעַנְיֵין בָּ
sich irren	lit'ot	לִטְעוֹת
sich setzen	lehityaʃev	לְהִתְיַישֵׁב
sich weigern	lesarev	לְסָרֵב
spielen (vi, vt)	lesaxek	לְשַׂחֵק

sprechen (vi)	ledaber	לְדַבֵּר
staunen (vi)	lehitpale	לְהִתְפַּלֵּא
stehlen (vt)	lignov	לִגְנוֹב
stoppen (vt)	la'atsor	לַעֲצוֹר
suchen (vt)	lexapes	לְחַפֵּשׂ

16. Die wichtigsten Verben. Teil 4

täuschen (vt)	leramot	לְרַמּוֹת
teilnehmen (vi)	lehiʃtatef	לְהִשְׁתַּתֵּף
übersetzen (Buch usw.)	letargem	לְתַרְגֵּם
unterschätzen (vt)	leham'it be"erex	לְהַמְעִיט בְּעֶרֶךְ
unterschreiben (vt)	laxtom	לַחְתּוֹם
vereinigen (vt)	le'axed	לְאַחֵד

vergessen (vt)	liʃ'koax	לשכּוֹחַ
vergleichen (vt)	lehaʃvot	לְהַשׁווֹת
verkaufen (vt)	limkor	למכּוֹר
verlangen (vt)	lidroʃ	לדרוֹשׁ
versäumen (vt)	lehaxsir	לְהַחסיר
versprechen (vt)	lehav'tiax	לְהַבטיחַ
verstecken (vt)	lehastir	לְהַסתיר
verstehen (vt)	lehavin	לְהָבין
versuchen (vt)	lenasot	לְנַסוֹת
verteidigen (vt)	lehagen	לְהָגֵן
vertrauen (vi)	liv'toax	לבטוֹחַ
verwechseln (vt)	lehitbalbel	לְהתבַּלבֵּל
verzeihen (vi, vt)	lis'loax	לסלוֹחַ
verzeihen (vt)	lis'loax	לסלוֹחַ
voraussehen (vt)	laxazot	לַחֲזוֹת
vorschlagen (vt)	leha'tsi'a	לְהַצּיע
vorziehen (vt)	leha'adif	לְהַעֲדיף
wählen (vt)	livxor	לבחוֹר
warnen (vt)	lehazhir	לְהַזהיר
warten (vi)	lehamtin	לְהַמתּין
weinen (vi)	livkot	לבכּוֹת
wissen (vt)	la'da'at	לָדַעַת
Witz machen	lehitba'deax	לְהתבַּדֵחַ
wollen (vt)	lirtsot	לרצוֹת
zahlen (vt)	leʃalem	לְשַׁלֵם
zeigen (jemandem etwas)	lehar'ot	לְהַראוֹת
zu Abend essen	le'exol aruxat 'erev	לֶאֱכוֹל אֲרוּחַת עֶרֶב
zu Mittag essen	le'exol aruxat tsaha'rayim	לֶאֱכוֹל אֲרוּחַת צָהֳריים
zubereiten (vt)	levaʃel	לבַשֵׁל
zustimmen (vi)	lehaskim	לְהַסכּים
zweifeln (vi)	lefakpek	לְפַקפֵּק

ZEIT. KALENDER

17. Wochentage

Montag (m)	yom ʃeni	יוֹם שֵׁנִי (ז)
Dienstag (m)	yom ʃliʃi	יוֹם שְׁלִישִׁי (ז)
Mittwoch (m)	yom reviˈi	יוֹם רְבִיעִי (ז)
Donnerstag (m)	yom χamiʃi	יוֹם חֲמִישִׁי (ז)
Freitag (m)	yom ʃiʃi	יוֹם שִׁישִׁי (ז)
Samstag (m)	ʃabat	שַׁבָּת (נ)
Sonntag (m)	yom riʃon	יוֹם רִאשׁוֹן (ז)

heute	hayom	הַיּוֹם
morgen	maχar	מָחָר
übermorgen	maχaraˈtayim	מָחֳרָתַיִים
gestern	etmol	אֶתמוֹל
vorgestern	ʃilʃom	שִׁלשׁוֹם

Tag (m)	yom	יוֹם (ז)
Arbeitstag (m)	yom avoda	יוֹם עֲבוֹדָה (ז)
Feiertag (m)	yom χag	יוֹם חַג (ז)
freier Tag (m)	yom menuχa	יוֹם מְנוּחָה (ז)
Wochenende (n)	sof ʃaˈvuˈa	סוֹף שָׁבוּעַ

den ganzen Tag	kol hayom	כָּל הַיּוֹם
am nächsten Tag	lamaχarat	לַמָּחֳרָת
zwei Tage vorher	lifnei yoˈmayim	לִפנֵי יוֹמַיִים
am Vortag	ˈerev	עֶרֶב
täglich (Adj)	yomyomi	יוֹמיוֹמִי
täglich (Adv)	midei yom	מְדֵי יוֹם

Woche (f)	ʃaˈvua	שָׁבוּעַ (ז)
letzte Woche	baʃaˈvuˈa ʃeˈavar	בַּשָׁבוּעַ שֶׁעָבַר
nächste Woche	baʃaˈvuˈa haba	בַּשָׁבוּעַ הַבָּא
wöchentlich (Adj)	ʃvuˈi	שְׁבוּעִי
wöchentlich (Adv)	kol ʃaˈvuˈa	כָּל שָׁבוּעַ
zweimal pro Woche	paˈaˈmayim beʃaˈvuˈa	פַּעֲמַיִים בְּשָׁבוּעַ
jeden Dienstag	kol yom ʃliʃi	כָּל יוֹם שְׁלִישִׁי

18. Stunden. Tag und Nacht

Morgen (m)	ˈboker	בּוֹקֶר (ז)
morgens	baˈboker	בַּבּוֹקֶר
Mittag (m)	tsahaˈrayim	צָהֳרַיִים (ז"ר)
nachmittags	aχar hatsahaˈrayim	אַחַר הַצָהֳרַיִים

Abend (m)	ˈerev	עֶרֶב (ז)
abends	baˈˈerev	בָּעֶרֶב

Nacht (f)	'laila	לַיְלָה (ז)
nachts	ba'laila	בַּלַּיְלָה
Mitternacht (f)	χatsot	חֲצוֹת (נ)

Sekunde (f)	ʃniya	שְׁנִיָּה (נ)
Minute (f)	daka	דַּקָּה (נ)
Stunde (f)	ʃa'a	שָׁעָה (נ)
eine halbe Stunde	χatsi ʃa'a	חֲצִי שָׁעָה (נ)
Viertelstunde (f)	'reva ʃa'a	רֶבַע שָׁעָה (ז)
fünfzehn Minuten	χameʃ esre dakot	חָמֵשׁ עֶשְׂרֵה דַּקּוֹת
Tag und Nacht	yemama	יְמָמָה (נ)

Sonnenaufgang (m)	zriχa	זְרִיחָה (נ)
Morgendämmerung (f)	'ʃaχar	שַׁחַר (ז)
früher Morgen (m)	'ʃaχar	שַׁחַר (ז)
Sonnenuntergang (m)	ʃki'a	שְׁקִיעָה (נ)

früh am Morgen	mukdam ba'boker	מוּקְדָּם בַּבּוֹקֶר
heute Morgen	ha'boker	הַבּוֹקֶר
morgen früh	maχar ba'boker	מָחָר בַּבּוֹקֶר

heute Mittag	hayom aχarei hatzaha'rayim	הַיּוֹם אַחֲרֵי הַצָּהֳרַיִם
nachmittags	aχar hatsaha'rayim	אַחַר הַצָּהֳרַיִם
morgen Nachmittag	maχar aχarei hatsaha'rayim	מָחָר אַחֲרֵי הַצָּהֳרַיִם

| heute Abend | ha''erev | הָעֶרֶב |
| morgen Abend | maχar ba''erev | מָחָר בָּעֶרֶב |

Punkt drei Uhr	baʃa'a ʃaloʃ bediyuk	בְּשָׁעָה שָׁלוֹשׁ בְּדִיּוּק
gegen vier Uhr	bisvivot arba	בְּסְבִיבוֹת אַרְבַּע
um zwölf Uhr	ad ʃteim esre	עַד שְׁתַּיִם-עֶשְׂרֵה

in zwanzig Minuten	be'od esrim dakot	בְּעוֹד עֶשְׂרִים דַּקּוֹת
in einer Stunde	be'od ʃa'a	בְּעוֹד שָׁעָה
rechtzeitig (Adv)	bazman	בַּזְּמַן

Viertel vor ...	'reva le...	רֶבַע לְ...
innerhalb einer Stunde	toχ ʃa'a	תּוֹךְ שָׁעָה
alle fünfzehn Minuten	kol 'reva ʃa'a	כָּל רֶבַע שָׁעָה
Tag und Nacht	misaviv laʃa'on	מִסָּבִיב לַשָּׁעוֹן

19. Monate. Jahreszeiten

Januar (m)	'yanu'ar	יָנוּאָר (ז)
Februar (m)	'febru'ar	פֶבְּרוּאָר (ז)
März (m)	merts	מֶרְץ (ז)
April (m)	april	אַפְּרִיל (ז)
Mai (m)	mai	מַאי (ז)
Juni (m)	'yuni	יוּנִי (ז)

Juli (m)	'yuli	יוּלִי (ז)
August (m)	'ogust	אוֹגוּסְט (ז)
September (m)	sep'tember	סֶפְּטֶמְבָּר (ז)
Oktober (m)	ok'tober	אוֹקְטוֹבָּר (ז)

November (m)	no'vember	נוֹבֶמְבֶּר (ז)
Dezember (m)	de'tsember	דֶּצֶמְבֶּר (ז)
Frühling (m)	aviv	אָבִיב (ז)
im Frühling	ba'aviv	בָּאָבִיב
Frühlings-	avivi	אָבִיבִי
Sommer (m)	'kayits	קַיִץ (ז)
im Sommer	ba'kayits	בַּקַּיִץ
Sommer-	ketsi	קֵיצִי
Herbst (m)	stav	סְתָיו (ז)
im Herbst	bestav	בַּסְתָיו
Herbst-	stavi	סְתָוִי
Winter (m)	'χoref	חוֹרֶף (ז)
im Winter	ba'χoref	בַּחוֹרֶף
Winter-	χorpi	חוֹרְפִּי
Monat (m)	'χodeʃ	חוֹדֶשׁ (ז)
in diesem Monat	ha'χodeʃ	הַחוֹדֶשׁ
nächsten Monat	ba'χodeʃ haba	בַּחוֹדֶשׁ הַבָּא
letzten Monat	ba'χodeʃ ʃe'avar	בַּחוֹדֶשׁ שֶׁעָבַר
vor einem Monat	lifnei 'χodeʃ	לִפְנֵי חוֹדֶשׁ
über eine Monat	be'od 'χodeʃ	בְּעוֹד חוֹדֶשׁ
in zwei Monaten	be'od χod'ʃayim	בְּעוֹד חוֹדְשַׁיִים
den ganzen Monat	kol ha'χodeʃ	כָּל הַחוֹדֶשׁ
monatlich (Adj)	χodʃi	חוֹדְשִׁי
monatlich (Adv)	χodʃit	חוֹדְשִׁית
jeden Monat	kol 'χodeʃ	כָּל חוֹדֶשׁ
zweimal pro Monat	pa'a'mayim be'χodeʃ	פַּעֲמַיִים בָּחוֹדֶשׁ
Jahr (n)	ʃana	שָׁנָה (נ)
dieses Jahr	haʃana	הַשָׁנָה
nächstes Jahr	baʃana haba'a	בַּשָׁנָה הַבָּאָה
voriges Jahr	baʃana ʃe'avra	בַּשָׁנָה שֶׁעָבְרָה
vor einem Jahr	lifnei ʃana	לִפְנֵי שָׁנָה
in einem Jahr	be'od ʃana	בְּעוֹד שָׁנָה
in zwei Jahren	be'od ʃna'tayim	בְּעוֹד שְׁנָתַיִים
das ganze Jahr	kol haʃana	כָּל הַשָׁנָה
jedes Jahr	kol ʃana	כָּל שָׁנָה
jährlich (Adj)	ʃnati	שְׁנָתִי
jährlich (Adv)	midei ʃana	מִדֵּי שָׁנָה
viermal pro Jahr	arba pa'amim be'χodeʃ	אַרְבַּע פְּעָמִים בָּחוֹדֶשׁ
Datum (heutige ~)	ta'ariχ	תַּאֲרִיךְ (ז)
Datum (Geburts-)	ta'ariχ	תַּאֲרִיךְ (ז)
Kalender (m)	'luaχ ʃana	לוּחַ שָׁנָה (ז)
ein halbes Jahr	χatsi ʃana	חֲצִי שָׁנָה (ז)
Halbjahr (n)	ʃiʃa χodaʃim, χatsi ʃana	חֲצִי שָׁנָה, שִׁישָׁה חוֹדָשִׁים
Saison (f)	ona	עוֹנָה (נ)
Jahrhundert (n)	'me'a	מֵאָה (נ)

REISEN. HOTEL

20. Ausflug. Reisen

Tourismus (m)	tayarut	תַּיָּירוּת (נ)
Tourist (m)	tayar	תַּיָּיר (ז)
Reise (f)	tiyul	טִיּוּל (ז)
Abenteuer (n)	harpatka	הַרְפַּתְקָה (נ)
Fahrt (f)	nesi'a	נְסִיעָה (נ)
Urlaub (m)	χuʃʃa	חוּפְשָׁה (נ)
auf Urlaub sein	lihyot beχuʃʃa	לִהְיוֹת בְּחוּפְשָׁה
Erholung (f)	menuχa	מְנוּחָה (נ)
Zug (m)	ra'kevet	רַכֶּבֶת (נ)
mit dem Zug	bera'kevet	בְּרַכֶּבֶת
Flugzeug (n)	matos	מָטוֹס (ז)
mit dem Flugzeug	bematos	בְּמָטוֹס
mit dem Auto	bemeχonit	בְּמְכוֹנִית
mit dem Schiff	be'oniya	בְּאוֹנִייָה
Gepäck (n)	mit'an	מִטְעָן (ז)
Koffer (m)	mizvada	מִזְווָדָה (נ)
Gepäckwagen (m)	eglat mit'an	עֶגְלַת מִטְעָן (נ)
Pass (m)	darkon	דַּרְכּוֹן (ז)
Visum (n)	'viza, aʃra	וִיזָה, אַשְׁרָה (נ)
Fahrkarte (f)	kartis	כַּרְטִיס (ז)
Flugticket (n)	kartis tisa	כַּרְטִיס טִיסָה (ז)
Reiseführer (m)	madriχ	מַדְרִיךְ (ז)
Landkarte (f)	mapa	מַפָּה (נ)
Gegend (f)	ezor	אֵזוֹר (ז)
Ort (wunderbarer ~)	makom	מָקוֹם (ז)
Exotika (pl)	ek'zotika	אֶקְזוֹטִיקָה (נ)
exotisch	ek'zoti	אֶקְזוֹטִי
erstaunlich (Adj)	nifla	נִפְלָא
Gruppe (f)	kvutsa	קְבוּצָה (נ)
Ausflug (m)	tiyul	טִיּוּל (ז)
Reiseleiter (m)	madriχ tiyulim	מַדְרִיךְ טִיּוּלִים (ז)

21. Hotel

Hotel (n), Gasthaus (n)	malon	מָלוֹן (ז)
Motel (n)	motel	מוֹטֶל (ז)
drei Sterne	ʃloʃa koχavim	שְׁלוֹשָׁה כּוֹכָבִים

fünf Sterne	χamiʃa koχavim	חֲמִישָׁה כּוֹכָבִים
absteigen (vi)	lehit'aχsen	לְהִתְאַכְסֵן
Hotelzimmer (n)	'χeder	חֶדֶר (ז)
Einzelzimmer (n)	'χeder yaχid	חֶדֶר יָחִיד (ז)
Zweibettzimmer (n)	'χeder zugi	חֶדֶר זוּגִי (ז)
reservieren (vt)	lehazmin 'χeder	לְהַזְמִין חֶדֶר
Halbpension (f)	χatsi pensiyon	חֲצִי פֶּנְסְיוֹן (ז)
Vollpension (f)	pensyon male	פֶּנְסְיוֹן מָלֵא (ז)
mit Bad	im am'batya	עִם אַמְבַּטְיָה
mit Dusche	im mik'laχat	עִם מִקְלַחַת
Satellitenfernsehen (n)	tele'vizya bekvalim	טֶלֶוִוִיזְיָה בְּכְּבָלִים (נ)
Klimaanlage (f)	mazgan	מַזְגָן (ז)
Handtuch (n)	ma'gevet	מַגֶּבֶת (נ)
Schlüssel (m)	maf'teaχ	מַפְתֵּחַ (ז)
Verwalter (m)	amarkal	אֲמַרְכָּל (ז)
Zimmermädchen (n)	χadranit	חַדְרָנִית (נ)
Träger (m)	sabal	סַבָּל (ז)
Portier (m)	pakid kabala	פְּקִיד קַבָּלָה (ז)
Restaurant (n)	mis'ada	מִסְעָדָה (נ)
Bar (f)	bar	בָּר (ז)
Frühstück (n)	aruχat 'boker	אֲרוּחַת בּוֹקֶר (נ)
Abendessen (n)	aruχat 'erev	אֲרוּחַת עֶרֶב (נ)
Buffet (n)	miznon	מִזְנוֹן (ז)
Foyer (n)	'lobi	לוֹבִּי (ז)
Aufzug (m), Fahrstuhl (m)	ma'alit	מַעֲלִית (נ)
BITTE NICHT STÖREN!	lo lehafri'a	לֹא לְהַפְרִיעַ
RAUCHEN VERBOTEN!	asur le'aʃen!	אָסוּר לְעַשֵׁן!

22. Sehenswürdigkeiten

Denkmal (n)	an'darta	אַנְדַּרְטָה (נ)
Festung (f)	mivtsar	מִבְצָר (ז)
Palast (m)	armon	אַרְמוֹן (ז)
Schloss (n)	tira	טִירָה (נ)
Turm (m)	migdal	מִגְדָל (ז)
Mausoleum (n)	ma'uzo'le'um	מָאוּזוֹלֵיאוּם (ז)
Architektur (f)	adriχalut	אַדְרִיכָלוּת (נ)
mittelalterlich	benaimi	בֵּינַיימִי
alt (antik)	atik	עַתִּיק
national	le'umi	לְאוּמִי
berühmt	mefursam	מְפוּרְסָם
Tourist (m)	tayar	תַּיָּיר (ז)
Fremdenführer (m)	madriχ tiyulim	מַדְרִיךְ טִיּוּלִים (ז)
Ausflug (m)	tiyul	טִיּוּל (ז)
zeigen (vt)	lehar'ot	לְהַרְאוֹת

erzählen (vt)	lesaper	לְסַפֵּר
finden (vt)	limtso	לִמְצוֹא
sich verlieren	la'leχet le'ibud	לָלֶכֶת לְאִיבּוּד
Karte (U-Bahn ~)	mapa	מַפָּה (נ)
Karte (Stadt-)	tarʃim	תַרְשִׁים (ז)

Souvenir (n)	maz'keret	מַזְכֶּרֶת (נ)
Souvenirladen (m)	χanut matanot	חֲנוּת מַתָנוֹת (נ)
fotografieren (vt)	letsalem	לְצַלֵם
sich fotografieren	lehitstalem	לְהִצְטַלֵם

TRANSPORT

23. Flughafen

Flughafen (m)	nemal te'ufa	נְמַל תְּעוּפָה (ז)
Flugzeug (n)	matos	מָטוֹס (ז)
Fluggesellschaft (f)	xevrat te'ufa	חֶבְרַת תְּעוּפָה (נ)
Fluglotse (m)	bakar tisa	בַּקָּר טִיסָה (ז)
Abflug (m)	hamra'a	הַמְרָאָה (נ)
Ankunft (f)	nexita	נְחִיתָה (נ)
anfliegen (vi)	leha'gi'a betisa	לְהַגִּיעַ בְּטִיסָה
Abflugzeit (f)	zman hamra'a	זְמַן הַמְרָאָה (ז)
Ankunftszeit (f)	zman nexita	זְמַן נְחִיתָה (ז)
sich verspäten	lehit'akev	לְהִתְעַכֵּב
Abflugverspätung (f)	ikuv hatisa	עִיכּוּב הַטִּיסָה (ז)
Anzeigetafel (f)	'luax meida	לוּחַ מֵידָע (ז)
Information (f)	meida	מֵידָע (ז)
ankündigen (vt)	leho'dia	לְהוֹדִיעַ
Flug (m)	tisa	טִיסָה (נ)
Zollamt (n)	'mexes	מֶכֶס (ז)
Zollbeamter (m)	pakid 'mexes	פָּקִיד מֶכֶס (ז)
Zolldeklaration (f)	hatsharat mexes	הַצְהָרַת מֶכֶס (נ)
ausfüllen (vt)	lemale	לְמַלֵּא
die Zollerklärung ausfüllen	lemale 'tofes hatshara	לְמַלֵּא טוֹפֶס הַצְהָרָה
Passkontrolle (f)	bdikat darkonim	בְּדִיקַת דַּרְכּוֹנִים (נ)
Gepäck (n)	kvuda	כְּבוּדָה (נ)
Handgepäck (n)	kvudat yad	כְּבוּדַת יָד (נ)
Kofferkuli (m)	eglat kvuda	עֶגְלַת כְּבוּדָה (נ)
Landung (f)	nexita	נְחִיתָה (נ)
Landebahn (f)	maslul nexita	מַסְלוּל נְחִיתָה (ז)
landen (vi)	linxot	לִנְחוֹת
Fluggasttreppe (f)	'kevef	כֶּבֶשׁ (ז)
Check-in (n)	tfek in	צֶ׳ק אִין (ז)
Check-in-Schalter (m)	dalpak tfek in	דַּלְפָּק צֶ׳ק אִין (ז)
sich registrieren lassen	leva'tse'a tfek in	לְבַצֵּעַ צֶ׳ק אִין
Bordkarte (f)	kartis aliya lematos	כַּרְטִיס עֲלִיָּה לְמָטוֹס (ז)
Abfluggate (n)	'fa'ar yetsi'a	שַׁעַר יְצִיאָה (ז)
Transit (m)	ma'avar	מַעֲבָר (ז)
warten (vi)	lehamtin	לְהַמְתִּין
Wartesaal (m)	traklin tisa	טְרַקְלִין טִיסָה (ז)

| begleiten (vt) | lelavot | לְלַווֹת |
| sich verabschieden | lomar lehitra'ot | לוֹמַר לְהִתְרָאוֹת |

24. Flugzeug

Flugzeug (n)	matos	מָטוֹס (ז)
Flugticket (n)	kartis tisa	כַּרְטִיס טִיסָה (ז)
Fluggesellschaft (f)	χevrat te'ufa	חֶבְרַת תָּעוּפָה (נ)
Flughafen (m)	nemal te'ufa	נְמַל תָּעוּפָה (ז)
Überschall-	al koli	עַל קוֹלִי
Flugkapitän (m)	kabarnit	קַבַּרְנִיט (ז)
Besatzung (f)	'tsevet	צֶווֶת (ז)
Pilot (m)	tayas	טַייָס (ז)
Flugbegleiterin (f)	da'yelet	דַייֶלֶת (נ)
Steuermann (m)	navat	נַווָט (ז)
Flügel (pl)	kna'fayim	כְּנָפַיים (נ"ר)
Schwanz (m)	zanav	זָנָב (ז)
Kabine (f)	'kokpit	קוֹקפִּיט (ז)
Motor (m)	ma'no'a	מָנוֹעַ (ז)
Fahrgestell (n)	kan nesi'a	כַּן נְסִיעָה (ז)
Turbine (f)	tur'bina	טוּרבִּינָה (נ)
Propeller (m)	madχef	מַדחֵף (ז)
Flugschreiber (m)	kufsa ʃχora	קוּפסָה שׁחוֹרָה (נ)
Steuerrad (n)	'hege	הֶגֶה (ז)
Treibstoff (m)	'delek	דֶלֶק (ז)
Sicherheitskarte (f)	hora'ot betiχut	הוֹרָאוֹת בְּטִיחוּת (נ"ר)
Sauerstoffmaske (f)	maseχat χamtsan	מַסֵיכַת חַמצָן (נ)
Uniform (f)	madim	מַדִים (ז"ר)
Rettungsweste (f)	χagorat hatsala	חָגוֹרַת הַצָלָה (נ)
Fallschirm (m)	mitsnaχ	מִצנָח (ז)
Abflug, Start (m)	hamra'a	הַמרָאָה (נ)
starten (vi)	lehamri	לְהַמרִיא
Startbahn (f)	maslul hamra'a	מַסלוּל הַמרָאָה (ז)
Sicht (f)	re'ut	רְאוּת (נ)
Flug (m)	tisa	טִיסָה (נ)
Höhe (f)	'gova	גוֹבַה (ז)
Luftloch (n)	kis avir	כִּיס אַווִיר (ז)
Platz (m)	moʃav	מוֹשָׁב (ז)
Kopfhörer (m)	ozniyot	אוֹזנִיוֹת (נ"ר)
Klapptisch (m)	magaʃ mitkapel	מַגָש מִתקַפֵּל (ז)
Bullauge (n)	tsohar	צוֹהַר (ז)
Durchgang (m)	ma'avar	מַעֲבָר (ז)

25. Zug

| Zug (m) | ra'kevet | רַכֶּבֶת (נ) |
| elektrischer Zug (m) | ra'kevet parvarim | רַכֶּבֶת פַּרבָרִים (נ) |

Schnellzug (m)	ra'kevet mehira	רַכֶּבֶת מְהִירָה (נ)
Diesellok (f)	katar 'dizel	קַטָר דִיזֶל (ז)
Dampflok (f)	katar	קַטָר (ז)

| Personenwagen (m) | karon | קָרוֹן (ז) |
| Speisewagen (m) | kron mis'ada | קְרוֹן מִסְעָדָה (ז) |

Schienen (pl)	mesilot	מְסִילוֹת (נ"ר)
Eisenbahn (f)	mesilat barzel	מְסִילַת בַּרְזֶל (נ)
Bahnschwelle (f)	'eden	אֶדֶן (ז)

Bahnsteig (m)	ratsif	רָצִיף (ז)
Gleis (n)	mesila	מְסִילָה (נ)
Eisenbahnsignal (n)	ramzor	רַמְזוֹר (ז)
Station (f)	taxana	תַחֲנָה (נ)

Lokomotivführer (m)	nahag ra'kevet	נֶהָג רַכֶּבֶת (ז)
Träger (m)	sabal	סַבָּל (ז)
Schaffner (m)	sadran ra'kevet	סַדְרַן רַכֶּבֶת (ז)
Fahrgast (m)	no'se'a	נוֹסֵעַ (ז)
Fahrkartenkontrolleur (m)	bodek	בּוֹדֵק (ז)

Flur (m)	prozdor	פְּרוֹזְדוֹר (ז)
Notbremse (f)	ma'atsar xirum	מַעֲצָר חֵירוּם (ז)
Abteil (n)	ta	תָא (ז)
Liegeplatz (m), Schlafkoje (f)	dargaʃ	דַרְגָש (ז)
oberer Liegeplatz (m)	dargaʃ elyon	דַרְגָש עֶלְיוֹן (ז)
unterer Liegeplatz (m)	dargaʃ taxton	דַרְגָש תַחְתוֹן (ז)
Bettwäsche (f)	matsa'im	מַצָעִים (ז"ר)

Fahrkarte (f)	kartis	כַּרְטִיס (ז)
Fahrplan (m)	'luax zmanim	לוּחַ זְמַנִים (ז)
Anzeigetafel (f)	'ʃelet meida	שֶׁלֶט מֵידָע (ז)

abfahren (der Zug)	latset	לָצֵאת
Abfahrt (f)	yetsi'a	יְצִיאָה (נ)
ankommen (der Zug)	leha'gi'a	לְהַגִיעַ
Ankunft (f)	haga'a	הַגָעָה (נ)

mit dem Zug kommen	leha'gi'a bera'kevet	לְהַגִיעַ בְּרַכֶּבֶת
in den Zug einsteigen	la'alot lera'kevet	לַעֲלוֹת לְרַכֶּבֶת
aus dem Zug aussteigen	la'redet mehara'kevet	לָרֶדֶת מֵהָרַכֶּבֶת

Zugunglück (n)	hitraskut	הִתְרַסְקוּת (נ)
entgleisen (vi)	la'redet mipasei ra'kevet	לָרֶדֶת מִפַּסֵי רַכֶּבֶת
Dampflok (f)	katar	קַטָר (ז)
Heizer (m)	masik	מַסִיק (ז)
Feuerbüchse (f)	kivʃan	כִּבְשָׁן (ז)
Kohle (f)	pexam	פֶּחָם (ז)

26. Schiff

| Schiff (n) | sfina | סְפִינָה (נ) |
| Fahrzeug (n) | sfina | סְפִינָה (נ) |

Dampfer (m)	oniyat kitor	אֳוֹנִיַּת קִיטוֹר (נ)
Motorschiff (n)	sfinat nahar	סְפִינַת נָהָר (נ)
Kreuzfahrtschiff (n)	oniyat ta'anugot	אֳוֹנִיַּת תַּעֲנוּגוֹת (נ)
Kreuzer (m)	sa'yeret	סַיֶּרֶת (נ)

Jacht (f)	'yaxta	יַבְטָה (נ)
Schlepper (m)	go'reret	גּוֹרֶרֶת (נ)
Lastkahn (m)	arba	אַרְבָּה (נ)
Fähre (f)	ma'a'boret	מַעֲבּוֹרֶת (נ)

| Segelschiff (n) | sfinat mifras | סְפִינַת מִפְרָשׂ (נ) |
| Brigantine (f) | briganit | בְּרִיגָּנִית (נ) |

| Eisbrecher (m) | ʃo'veret 'kerax | שׁוֹבֶרֶת קֶרַח (נ) |
| U-Boot (n) | tso'lelet | צוֹלֶלֶת (נ) |

Boot (n)	sira	סִירָה (נ)
Dingi (n), Beiboot (n)	sira	סִירָה (נ)
Rettungsboot (n)	sirat hatsala	סִירַת הַצָּלָה (נ)
Motorboot (n)	sirat ma'no'a	סִירַת מָנוֹעַ (נ)

Kapitän (m)	rav xovel	רַב־חוֹבֵל (ז)
Matrose (m)	malax	מַלָּח (ז)
Seemann (m)	yamai	יַמַּאי (ז)
Besatzung (f)	'tsevet	צֶוֶת (ז)

Bootsmann (m)	rav malaxim	רַב־מַלָּחִים (ז)
Schiffsjunge (m)	'na'ar sipun	נַעַר סִיפּוּן (ז)
Schiffskoch (m)	tabax	טַבָּח (ז)
Schiffsarzt (m)	rofe ha'oniya	רוֹפֵא הָאֳוֹנִיָּה (ז)

Deck (n)	sipun	סִיפּוּן (ז)
Mast (m)	'toren	תּוֹרֶן (ז)
Segel (n)	mifras	מִפְרָשׂ (ז)

Schiffsraum (m)	'beten oniya	בֶּטֶן אֳוֹנִיָּה (נ)
Bug (m)	xartom	חַרְטוֹם (ז)
Heck (n)	yarketei hasfina	יַרְכְּתֵי הַסְּפִינָה (ז"ר)
Ruder (n)	maʃot	מָשׁוֹט (ז)
Schraube (f)	madxef	מַדְחֵף (ז)

Kajüte (f)	ta	תָּא (ז)
Messe (f)	mo'adon ktsinim	מוֹעֲדוֹן קְצִינִים (ז)
Maschinenraum (m)	xadar mexonot	חֲדַר מְכוֹנוֹת (ז)
Kommandobrücke (f)	'geʃer hapikud	גֶּשֶׁר הַפִּיקּוּד (ז)
Funkraum (m)	ta alxutan	תָּא אַלְחוּטָן (ז)
Radiowelle (f)	'teder	תֶּדֶר (ז)
Schiffstagebuch (n)	yoman ha'oniya	יוֹמָן הָאֳוֹנִיָּה (ז)

Fernrohr (n)	miʃ'kefet	מִשְׁקֶפֶת (נ)
Glocke (f)	pa'amon	פַּעֲמוֹן (ז)
Fahne (f)	'degel	דֶּגֶל (ז)

Seil (n)	avot ha'oniya	עֲבוֹת הָאֳוֹנִיָּה (נ)
Knoten (m)	'keʃer	קֶשֶׁר (ז)
Geländer (n)	ma'ake hasipun	מַעֲקֵה הַסִּיפּוּן (ז)

Treppe (f)	'keveʃ	כֶּבֶשׁ (ז)
Anker (m)	'ogen	עוֹגֶן (ז)
den Anker lichten	leharim 'ogen	לְהָרִים עוֹגֶן
Anker werfen	la'agon	לַעֲגוֹן
Ankerkette (f)	ʃar'ʃeret ha'ogen	שַׁרְשֶׁרֶת הָעוֹגֶן (נ)

Hafen (m)	namal	נָמֵל (ז)
Anlegestelle (f)	'mezaχ	מֵזַח (ז)
anlegen (vi)	la'agon	לַעֲגוֹן
abstoßen (vt)	lehaflig	לְהַפְלִיג

Reise (f)	masa, tiyul	מַסָּע (ז), טִיּוּל (ז)
Kreuzfahrt (f)	'ʃayit	שַׁיִט (ז)
Kurs (m), Richtung (f)	kivun	כִּיוּון (ז)
Reiseroute (f)	nativ	נָתִיב (ז)

Fahrwasser (n)	nativ 'ʃayit	נָתִיב שַׁיִט (ז)
Untiefe (f)	sirton	שִׂרְטוֹן (ז)
stranden (vi)	la'alot al hasirton	לַעֲלוֹת עַל הַשִּׂרְטוֹן

Sturm (m)	sufa	סוּפָה (נ)
Signal (n)	ot	אוֹת (ז)
untergehen (vi)	lit'bo'a	לִטְבּוֹעַ
Mann über Bord!	adam ba'mayim!	אָדָם בַּמַּיִם!
SOS	kri'at hatsala	קְרִיאַת הַצָּלָה
Rettungsring (m)	galgal hatsala	גַּלְגַּל הַצָּלָה (ז)

STADT

27. Innerstädtischer Transport

Bus (m)	'otobus	אוֹטוֹבּוּס (ז)
Straßenbahn (f)	ra'kevet kala	רַכֶּבֶת קַלָּה (נ)
Obus (m)	tro'leibus	טרוֹלֵיבּוּס (ז)
Linie (f)	maslul	מַסלוּל (ז)
Nummer (f)	mispar	מִספָּר (ז)

mit … fahren	lin'so'a be…	לִנסוֹעַ בְּ…
einsteigen (vi)	la'alot	לַעֲלוֹת
aussteigen (aus dem Bus)	la'redet mi…	לָרֶדֶת מ…

Haltestelle (f)	taχana	תַחֲנָה (נ)
nächste Haltestelle (f)	hataχana haba'a	הַתַחֲנָה הַבָּאָה (נ)
Endhaltestelle (f)	hataχana ha'aχrona	הַתַחֲנָה הָאַחֲרוֹנָה (נ)
Fahrplan (m)	'luaχ zmanim	לוּחַ זמַנִים (ז)
warten (vi, vt)	lehamtin	לְהַמתִין

Fahrkarte (f)	kartis	כַּרטִיס (ז)
Fahrpreis (m)	meχir hanesiya	מְחִיר הַנְסִיעָה (ז)

Kassierer (m)	kupai	קוּפַּאי (ז)
Fahrkartenkontrolle (f)	bi'koret kartisim	בִּיקוֹרֶת כַּרטִיסִים (נ)
Fahrkartenkontrolleur (m)	mevaker	מְבַקֵר (ז)

sich verspäten	le'aχer	לְאַחֵר
versäumen (Zug usw.)	lefasfes	לְפַספֵּס
sich beeilen	lemaher	לְמַהֵר

Taxi (n)	monit	מוֹנִית (נ)
Taxifahrer (m)	nahag monit	נָהַג מוֹנִית (ז)
mit dem Taxi	bemonit	בְּמוֹנִית
Taxistand (m)	taχanat moniyot	תַחֲנַת מוֹנִיוֹת (נ)
ein Taxi rufen	lehazmin monit	לְהַזמִין מוֹנִית
ein Taxi nehmen	la'kaχat monit	לָקַחַת מוֹנִית

Straßenverkehr (m)	tnu'a	תנוּעָה (נ)
Stau (m)	pkak	פּקָק (ז)
Hauptverkehrszeit (f)	ʃa'ot 'omes	שְעוֹת עוֹמֶס (נ"ר)
parken (vi)	laχanot	לַחֲנוֹת
parken (vt)	lehaχnot	לְהַחנוֹת
Parkplatz (m)	χanaya	חֲנָיָה (נ)

U-Bahn (f)	ra'kevet taχtit	רַכֶּבֶת תַחתִית (נ)
Station (f)	taχana	תַחֲנָה (נ)
mit der U-Bahn fahren	lin'so'a betaχtit	לִנסוֹעַ בְּתַחתִית
Zug (m)	ra'kevet	רַכֶּבֶת (נ)
Bahnhof (m)	taχanat ra'kevet	תַחֲנַת רַכֶּבֶת (נ)

28. Stadt. Leben in der Stadt

Stadt (f)	ir	עִיר (נ)
Hauptstadt (f)	ir bira	עִיר בִּירָה (נ)
Dorf (n)	kfar	כְּפָר (ז)
Stadtplan (m)	mapat ha'ir	מַפַּת הָעִיר (נ)
Stadtzentrum (n)	merkaz ha'ir	מֶרְכַּז הָעִיר (ז)
Vorort (m)	parvar	פַּרְוָר (ז)
Vorort-	parvari	פַּרְוָרִי
Stadtrand (m)	parvar	פַּרְוָר (ז)
Umgebung (f)	svivot	סְבִיבוֹת (נ"ר)
Stadtviertel (n)	ʃχuna	שְׁכוּנָה (נ)
Wohnblock (m)	ʃχunat megurim	שְׁכוּנַת מְגוּרִים (נ)
Straßenverkehr (m)	tnu'a	תְּנוּעָה (נ)
Ampel (f)	ramzor	רַמְזוֹר (ז)
Stadtverkehr (m)	taχbura ʦiburit	תַּחְבּוּרָה צִיבּוּרִית (נ)
Straßenkreuzung (f)	'ʦomet	צוֹמֶת (ז)
Übergang (m)	ma'avar χaʦaya	מַעֲבַר חֲצָיָה (ז)
Fußgängerunterführung (f)	ma'avar tat karka'i	מַעֲבַר תַּת־קַרְקָעִי (ז)
überqueren (vt)	laχaʦot	לַחֲצוֹת
Fußgänger (m)	holeχ 'regel	הוֹלֵךְ רֶגֶל (ז)
Gehweg (m)	midraχa	מִדְרָכָה (נ)
Brücke (f)	'geʃer	גֶּשֶׁר (ז)
Kai (m)	ta'yelet	טַיֶּלֶת (נ)
Springbrunnen (m)	mizraka	מִזְרָקָה (נ)
Allee (f)	sdera	שְׂדֵרָה (נ)
Park (m)	park	פָּארְק (ז)
Boulevard (m)	sdera	שְׂדֵרָה (נ)
Platz (m)	kikar	כִּיכָּר (נ)
Avenue (f)	reχov raʃi	רְחוֹב רָאשִׁי (ז)
Straße (f)	reχov	רְחוֹב (ז)
Gasse (f)	simta	סִמְטָה (נ)
Sackgasse (f)	mavoi satum	מָבוֹי סָתוּם (ז)
Haus (n)	'bayit	בַּיִת (ז)
Gebäude (n)	binyan	בִּנְיָן (ז)
Wolkenkratzer (m)	gored ʃχakim	גּוֹרֵד שְׁחָקִים (ז)
Fassade (f)	χazit	חָזִית (נ)
Dach (n)	gag	גַּג (ז)
Fenster (n)	χalon	חַלּוֹן (ז)
Bogen (m)	'keʃet	קֶשֶׁת (נ)
Säule (f)	amud	עַמּוּד (ז)
Ecke (f)	pina	פִּינָה (נ)
Schaufenster (n)	χalon ra'ava	חַלּוֹן רַאֲוָה (ז)
Firmenschild (n)	'ʃelet	שֶׁלֶט (ז)
Anschlag (m)	kraza	כְּרָזָה (נ)
Werbeposter (m)	'poster	פּוֹסְטֶר (ז)

Werbeschild (n)	'luaχ pirsum	לוּחַ פִּרְסוּם (ז)
Müll (m)	'zevel	זֶבֶל (ז)
Mülleimer (m)	paχ aʃpa	פַּח אַשְׁפָּה (ז)
Abfall wegwerfen	lelaχleχ	לְכַכְלֵךְ
Mülldeponie (f)	mizbala	מִזְבָּלָה (נ)

Telefonzelle (f)	ta 'telefon	תָּא טֶלֶפוֹן (ז)
Straßenlaterne (f)	amud panas	עַמּוּד פָּנָס (ז)
Bank (Park-)	safsal	סַפְסָל (ז)

Polizist (m)	ʃoter	שׁוֹטֵר (ז)
Polizei (f)	miʃtara	מִשְׁטָרָה (נ)
Bettler (m)	kabtsan	קַבְּצָן (ז)
Obdachlose (m)	χasar 'bayit	חֲסַר בַּיִת (ז)

29. Innerstädtische Einrichtungen

Laden (m)	χanut	חֲנוּת (נ)
Apotheke (f)	beit mir'kaχat	בֵּית מִרְקַחַת (ז)
Optik (f)	χanut miʃka'fayim	חֲנוּת מִשְׁקָפַיִים (נ)
Einkaufszentrum (n)	kanyon	קַנְיוֹן (ז)
Supermarkt (m)	super'market	סוּפֶּרְמַרְקֶט (ז)

Bäckerei (f)	ma'afiya	מַאֲפִיָּה (נ)
Bäcker (m)	ofe	אוֹפֶה (ז)
Konditorei (f)	χanut mamtakim	חֲנוּת מַמְתַּקִים (נ)
Lebensmittelladen (m)	ma'kolet	מַכּוֹלֶת (נ)
Metzgerei (f)	itliz	אִטְלִיז (ז)

| Gemüseladen (m) | χanut perot viyerakot | חֲנוּת פֵּירוֹת וִירָקוֹת (נ) |
| Markt (m) | ʃuk | שׁוּק (ז) |

Kaffeehaus (n)	beit kafe	בֵּית קָפֶה (ז)
Restaurant (n)	mis'ada	מִסְעָדָה (נ)
Bierstube (f)	pab	פָּאבּ (ז)
Pizzeria (f)	pi'tseriya	פִּיצֵרְיָה (נ)

Friseursalon (m)	mispara	מִסְפָּרָה (נ)
Post (f)	'do'ar	דּוֹאַר (ז)
chemische Reinigung (f)	nikui yaveʃ	נִיקוּי יָבֵשׁ (ז)
Fotostudio (n)	'studyo letsilum	סְטוּדְיוֹ לְצִילוּם (ז)

Schuhgeschäft (n)	χanut na'a'layim	חֲנוּת נַעֲלַיִים (נ)
Buchhandlung (f)	χanut sfarim	חֲנוּת סְפָרִים (נ)
Sportgeschäft (n)	χanut sport	חֲנוּת סְפּוֹרְט (נ)

Kleiderreparatur (f)	χanut tikun bgadim	חֲנוּת תִּיקּוּן בְּגָדִים (נ)
Bekleidungsverleih (m)	χanut haskarat bgadim	חֲנוּת הַשְׂכָּרַת בְּגָדִים (נ)
Videothek (f)	χanut haʃalat sratim	חֲנוּת הַשְׁאָלַת סְרָטִים (נ)

Zirkus (m)	kirkas	קִרְקָס (ז)
Zoo (m)	gan hayot	גַּן חַיּוֹת (ז)
Kino (n)	kol'no'a	קוֹלְנוֹעַ (ז)
Museum (n)	muze'on	מוּזֵיאוֹן (ז)

Bibliothek (f)	sifriya	סִפְרִיָּה (נ)
Theater (n)	te'atron	תֵּיאַטְרוֹן (ז)
Opernhaus (n)	beit 'opera	בֵּית אוֹפֵּרָה (ז)
Nachtklub (m)	mo'adon 'laila	מוֹעֲדוֹן לַיְלָה (ז)
Kasino (n)	ka'zino	קָזִינוֹ (ז)

Moschee (f)	misgad	מִסְגָּד (ז)
Synagoge (f)	beit 'kneset	בֵּית כְּנֶסֶת (ז)
Kathedrale (f)	kated'rala	קָתֶדְרָלָה (נ)
Tempel (m)	mikdaʃ	מִקְדָּשׁ (ז)
Kirche (f)	knesiya	כְּנֵסִיָּה (נ)

Institut (n)	miχlala	מִכְלָלָה (נ)
Universität (f)	uni'versita	אוּנִיבֶרְסִיטָה (נ)
Schule (f)	beit 'sefer	בֵּית סֵפֶר (ז)

Präfektur (f)	maχoz	מָחוֹז (ז)
Rathaus (n)	iriya	עִירִיָּה (נ)
Hotel (n)	beit malon	בֵּית מָלוֹן (ז)
Bank (f)	bank	בַּנְק (ז)

Botschaft (f)	ʃagrirut	שַׁגְרִירוּת (נ)
Reisebüro (n)	soχnut nesi'ot	סוֹכְנוּת נְסִיעוֹת (נ)
Informationsbüro (n)	modi'in	מוֹדִיעִין (ז)
Wechselstube (f)	misrad hamarat mat'be'a	מִשְׂרַד הֲמָרַת מַטְבֵּעַ (ז)

| U-Bahn (f) | ra'kevet taχtit | רַכֶּבֶת תַּחְתִּית (נ) |
| Krankenhaus (n) | beit χolim | בֵּית חוֹלִים (ז) |

| Tankstelle (f) | taχanat 'delek | תַּחֲנַת דֶּלֶק (נ) |
| Parkplatz (m) | migraʃ χanaya | מִגְרַשׁ חֲנָיָה (ז) |

30. Schilder

Firmenschild (n)	'ʃelet	שֶׁלֶט (ז)
Aufschrift (f)	moda'a	מוֹדָעָה (נ)
Plakat (n)	'poster	פּוֹסְטֶר (ז)
Wegweiser (m)	tamrur	תַּמְרוּר (ז)
Pfeil (m)	χeʦ	חֵץ (ז)

Vorsicht (f)	azhara	אַזְהָרָה (נ)
Warnung (f)	'ʃelet azhara	שֶׁלֶט אַזְהָרָה (ז)
warnen (vt)	lehazhir	לְהַזְהִיר

freier Tag (m)	yom 'χofeʃ	יוֹם חוֹפֶשׁ (ז)
Fahrplan (m)	'luaχ zmanim	לוּחַ זְמַנִּים (ז)
Öffnungszeiten (pl)	ʃa'ot avoda	שְׁעוֹת עֲבוֹדָה (נ"ר)

HERZLICH WILLKOMMEN!	bruχim haba'im!	בְּרוּכִים הַבָּאִים!
EINGANG	knisa	כְּנִיסָה
AUSGANG	yeʦi'a	יְצִיאָה

| DRÜCKEN | dχof | דְחוֹף |
| ZIEHEN | mʃoχ | מְשׁוֹךְ |

| GEÖFFNET | pa'tuax | פָּתוּחַ |
| GESCHLOSSEN | sagur | סָגוּר |

| DAMEN, FRAUEN | lenaʃim | לְנָשִׁים |
| HERREN, MÄNNER | legvarim | לִגְבָרִים |

AUSVERKAUF	hanaxot	הֲנָחוֹת
REDUZIERT	mivtsa	מִבְצָע
NEU!	xadaʃ!	חָדָשׁ!
GRATIS	xinam	חִינָם

ACHTUNG!	sim lev!	שִׂים לֵב!
ZIMMER BELEGT	ein makom panui	אֵין מָקוֹם פָּנוּי
RESERVIERT	ʃamur	שָׁמוּר

| VERWALTUNG | hanhala | הַנְהָלָה |
| NUR FÜR PERSONAL | le'ovdim bilvad | לְעוֹבְדִים בִּלְבָד |

VORSICHT BISSIGER HUND	zehirut 'kelev noʃex!	זְהִירוּת, כֶּלֶב נוֹשֵׁךְ!
RAUCHEN VERBOTEN!	asur le'aʃen!	אָסוּר לְעַשֵׁן!
BITTE NICHT BERÜHREN	lo lagaat!	לֹא לָגַעַת!

GEFÄHRLICH	mesukan	מְסוּכָּן
VORSICHT!	sakana	סַכָּנָה
HOCHSPANNUNG	'metax ga'voha	מֶתַח גָּבוֹהַ
BADEN VERBOTEN	haraxatsa asura!	הָרַחָצָה אֲסוּרָה!
AUßER BETRIEB	lo oved	לֹא עוֹבֵד

LEICHTENTZÜNDLICH	dalik	דָּלִיק
VERBOTEN	asur	אָסוּר
DURCHGANG VERBOTEN	asur la'avor	אָסוּר לַעֲבוֹר
FRISCH GESTRICHEN	'tseva lax	צֶבַע לַח

31. Shopping

kaufen (vt)	liknot	לִקְנוֹת
Einkauf (m)	kniya	קְנִייָה (נ)
einkaufen gehen	la'lexet lekniyot	לָלֶכֶת לִקְנִיּוֹת
Einkaufen (n)	arixat kniyot	עֲרִיכַת קְנִיּוֹת (נ)

| offen sein (Laden) | pa'tuax | פָּתוּחַ |
| zu sein | sagur | סָגוּר |

Schuhe (pl)	na'a'layim	נַעֲלַיִים (נ"ר)
Kleidung (f)	bgadim	בְּגָדִים (ז"ר)
Kosmetik (f)	tamrukim	תַּמְרוּקִים (ז"ר)
Lebensmittel (pl)	mutsrei mazon	מוּצְרֵי מָזוֹן (ז"ר)
Geschenk (n)	matana	מַתָּנָה (נ)

Verkäufer (m)	moxer	מוֹכֵר (ז)
Verkäuferin (f)	mo'xeret	מוֹכֶרֶת (נ)
Kasse (f)	kupa	קוּפָּה (נ)
Spiegel (m)	mar'a	מַרְאָה (נ)

| Ladentisch (m) | duχan | דּוּכָן (ז) |
| Umkleidekabine (f) | 'χeder halbaſa | חֲדַר הַלְבָּשָׁה (ז) |

anprobieren (vt)	limdod	לִמְדֹּד
passen (Schuhe, Kleid)	lehat'im	לְהַתְאִים
gefallen (vi)	limtso χen be'ei'nayim	לִמְצֹא חֵן בְּעֵינַיִים

Preis (m)	meχir	מְחִיר (ז)
Preisschild (n)	tag meχir	תַּג מְחִיר (ז)
kosten (vt)	la'alot	לַעֲלוֹת
Wie viel?	'kama?	כַּמָה?
Rabatt (m)	hanaχa	הֲנָחָה (נ)

preiswert	lo yakar	לֹא יָקָר
billig	zol	זוֹל
teuer	yakar	יָקָר
Das ist teuer	ze yakar	זֶה יָקָר

Verleih (m)	haskara	הַשְׂכָּרָה (נ)
leihen, mieten (ein Auto usw.)	liskor	לִשְׂכּוֹר
Kredit (m), Darlehen (n)	aſrai	אַשְׁרַאי (ז)
auf Kredit	be'aſrai	בְּאַשְׁרַאי

KLEIDUNG & ACCESSOIRES

32. Oberbekleidung. Mäntel

Kleidung (f)	bgadim	בְּגָדִים (ז"ר)
Oberkleidung (f)	levuf elyon	לְבוּש עֶלְיוֹן (ז)
Winterkleidung (f)	bigdei 'xoref	בִּגְדֵי חוֹרֶף (ז"ר)
Mantel (m)	me'il	מְעִיל (ז)
Pelzmantel (m)	me'il parva	מְעִיל פַּרְוָה (ז)
Pelzjacke (f)	me'il parva katsar	מְעִיל פַּרְוָה קָצָר (ז)
Daunenjacke (f)	me'il pux	מְעִיל פּוּך (ז)
Jacke (z.B. Lederjacke)	me'il katsar	מְעִיל קָצָר (ז)
Regenmantel (m)	me'il 'gefem	מְעִיל גֶּשֶׁם (ז)
wasserdicht	amid be'mayim	עָמִיד בְּמַיִם

33. Herren- & Damenbekleidung

Hemd (n)	xultsa	חוּלְצָה (נ)
Hose (f)	mixna'sayim	מִכְנָסַיִים (ז"ר)
Jeans (pl)	mixnesei 'dʒins	מִכְנְסֵי גִ'ינְס (ז"ר)
Jackett (n)	ʒaket	זָ'קֶט (ז)
Anzug (m)	xalifa	חֲלִיפָה (נ)
Damenkleid (n)	simla	שִׂמְלָה (נ)
Rock (m)	xatsa'it	חֲצָאִית (נ)
Bluse (f)	xultsa	חוּלְצָה (נ)
Strickjacke (f)	ʒaket 'tsemer	זָ'קֶט צֶמֶר (ז)
Jacke (Damen Kostüm)	ʒaket	זָ'קֶט (ז)
T-Shirt (n)	ti fert	טִי שֶׁרְט (ז)
Shorts (pl)	mixna'sayim ktsarim	מִכְנָסַיִים קְצָרִים (ז"ר)
Sportanzug (m)	'trening	טְרֶנִינְג (ז)
Bademantel (m)	xaluk raxatsa	חָלוּק רַחְצָה (ז)
Schlafanzug (m)	pi'dʒama	פִּיגָ'מָה (נ)
Sweater (m)	'sveder	סְווֶדֶר (ז)
Pullover (m)	afuda	אֲפוּדָה (נ)
Weste (f)	vest	וֶסְט (ז)
Frack (m)	frak	פְרָאק (ז)
Smoking (m)	tuk'sido	טוּקְסִידוֹ (ז)
Uniform (f)	madim	מַדִים (ז"ר)
Arbeitskleidung (f)	bigdei avoda	בִּגְדֵי עֲבוֹדָה (ז"ר)
Overall (m)	sarbal	סַרְבָּל (ז)
Kittel (z.B. Arztkittel)	xaluk	חָלוּק (ז)

34. Kleidung. Unterwäsche

Unterwäsche (f)	levanim	לְבָנִים (ז"ר)
Herrenslip (m)	taχtonim	תַּחְתּוֹנִים (ז"ר)
Damenslip (m)	taχtonim	תַּחְתּוֹנִים (ז"ר)
Unterhemd (n)	gufiya	גוּפִיָּה (נ)
Socken (pl)	gar'bayim	גַּרְבַּיִם (ז"ר)

Nachthemd (n)	'ktonet 'laila	כְּתוֹנֶת לַיְלָה (נ)
Büstenhalter (m)	χaziya	חֲזִיָּה (נ)
Kniestrümpfe (pl)	birkon	בִּרְכּוֹן (ז)
Strumpfhose (f)	garbonim	גַּרְבּוֹנִים (ז"ר)
Strümpfe (pl)	garbei 'nailon	גַּרְבֵּי נַיְלוֹן (ז"ר)
Badeanzug (m)	'beged yam	בֶּגֶד יָם (ז)

35. Kopfbekleidung

Mütze (f)	'kova	כּוֹבַע (ז)
Filzhut (m)	'kova 'leved	כּוֹבַע לֶבֶד (ז)
Baseballkappe (f)	'kova 'beisbol	כּוֹבַע בֵּייסְבּוֹל (ז)
Schiebermütze (f)	'kova mitsχiya	כּוֹבַע מִצְחִיָּה (ז)

Baskenmütze (f)	baret	בֶּרֶט (ז)
Kapuze (f)	bardas	בַּרְדָּס (ז)
Panamahut (m)	'kova 'tembel	כּוֹבַע טֶמְבֶּל (ז)
Strickmütze (f)	'kova 'gerev	כּוֹבַע גֶּרֶב (ז)

Kopftuch (n)	mit'paχat	מִטְפַּחַת (נ)
Damenhut (m)	'kova	כּוֹבַע (ז)

Schutzhelm (m)	kasda	קַסְדָּה (נ)
Feldmütze (f)	kumta	כּוּמְתָּה (נ)
Helm (z.B. Motorradhelm)	kasda	קַסְדָּה (נ)

Melone (f)	mig'ba'at me'u'gelet	מִגְבַּעַת מְעוּגֶּלֶת (נ)
Zylinder (m)	tsi'linder	צִילִינְדֶּר (ז)

36. Schuhwerk

Schuhe (pl)	han'ala	הַנְעָלָה (נ)
Stiefeletten (pl)	na'a'layim	נַעֲלַיִים (נ"ר)
Halbschuhe (pl)	na'a'layim	נַעֲלַיִים (נ"ר)
Stiefel (pl)	maga'fayim	מַגָּפַיִים (ז"ר)
Hausschuhe (pl)	na'alei 'bayit	נַעֲלֵי בַּיִת (נ"ר)

Tennisschuhe (pl)	na'alei sport	נַעֲלֵי סְפּוֹרְט (נ"ר)
Leinenschuhe (pl)	na'alei sport	נַעֲלֵי סְפּוֹרְט (נ"ר)
Sandalen (pl)	sandalim	סַנְדָּלִים (ז"ר)

Schuster (m)	sandlar	סַנְדְּלָר (ז)
Absatz (m)	akev	עָקֵב (ז)

Paar (n)	zug	זוּג (ז)
Schnürsenkel (m)	sroχ	שְׂרוֹךְ (ז)
schnüren (vt)	lisroχ	לִשְׂרוֹךְ
Schuhlöffel (m)	kaf na'a'layim	כַּף נַעֲלַיִים (נ)
Schuhcreme (f)	miʃχat na'a'layim	מִשְׁחַת נַעֲלַיִים (נ)

37. Persönliche Accessoires

Handschuhe (pl)	kfafot	כְּפָפוֹת (נ"ר)
Fausthandschuhe (pl)	kfafot	כְּפָפוֹת (נ"ר)
Schal (Kaschmir-)	tsa'if	צָעִיף (ז)

Brille (f)	miʃka'fayim	מִשְׁקָפַיִים (ז"ר)
Brillengestell (n)	mis'geret	מִסְגֶרֶת (נ)
Regenschirm (m)	mitriya	מִטְרִייָה (נ)
Spazierstock (m)	makel haliχa	מַקֵל הֲלִיכָה (ז)
Haarbürste (f)	miv'reʃet se'ar	מִבְרֶשֶׁת שֵׂיעָר (נ)
Fächer (m)	menifa	מְנִיפָה (נ)

Krawatte (f)	aniva	עֲנִיבָה (נ)
Fliege (f)	anivat parpar	עֲנִיבַת פַּרְפַּר (נ)
Hosenträger (pl)	ktefiyot	כְּתֵפִיוֹת (נ"ר)
Taschentuch (n)	mimχata	מִמְחָטָה (נ)

Kamm (m)	masrek	מַסְרֵק (ז)
Haarspange (f)	sikat roʃ	סִיכַּת רֹאשׁ (נ)
Haarnadel (f)	sikat se'ar	סִיכַּת שֵׂעָר (נ)
Schnalle (f)	avzam	אַבְזָם (ז)

| Gürtel (m) | χagora | חֲגוֹרָה (נ) |
| Umhängegurt (m) | retsu'at katef | רְצוּעַת כָּתֵף (נ) |

Tasche (f)	tik	תִּיק (ז)
Handtasche (f)	tik	תִּיק (ז)
Rucksack (m)	tarmil	תַּרְמִיל (ז)

38. Kleidung. Verschiedenes

Mode (f)	ofna	אוֹפְנָה (נ)
modisch	ofnati	אוֹפְנָתִי
Modedesigner (m)	me'atsev ofna	מְעַצֵב אוֹפְנָה (ז)

Kragen (m)	tsavaron	צַוָּוארוֹן (ז)
Tasche (f)	kis	כִּיס (ז)
Taschen-	ʃel kis	שֶׁל כִּיס
Ärmel (m)	ʃarvul	שַׁרְווּל (ז)
Aufhänger (m)	mitle	מִתְלֶה (ז)
Hosenschlitz (m)	χanut	חָנוּת (נ)

Reißverschluss (m)	roχsan	רוֹכְסָן (ז)
Verschluss (m)	'keres	קֶרֶס (ז)
Knopf (m)	kaftor	כַּפְתּוֹר (ז)

| Knopfloch (n) | lula'a | לוּלָאָה (נ) |
| abgehen (Knopf usw.) | lehitale∫ | לְהִיתָּלֵש |

nähen (vi, vt)	litpor	לִתְפּוֹר
sticken (vt)	lirkom	לִרְקוֹם
Stickerei (f)	rikma	רִקְמָה (נ)
Nadel (f)	'maχat tfira	מַחַט תְּפִירָה (נ)
Faden (m)	χut	חוּט (ז)
Naht (f)	'tefer	תֶּפֶר (ז)

sich beschmutzen	lehitlaχleχ	לְהִתְלַכְלֵךְ
Fleck (m)	'ketem	כֶּתֶם (ז)
sich knittern	lehitkamet	לְהִתְקַמֵּט
zerreißen (vt)	lik'ro'a	לִקְרוֹעַ
Motte (f)	a∫	עָש (ז)

39. Kosmetikartikel. Kosmetik

Zahnpasta (f)	mi∫χat ∫i'nayim	מִשְׁחַת שִׁינַּיִם (נ)
Zahnbürste (f)	miv're∫et ∫i'nayim	מִבְרֶשֶׁת שִׁינַּיִם (נ)
Zähne putzen	let︎saχ'tseaχ ∫i'nayim	לְצַחְצֵחַ שִׁינַּיִם

Rasierer (m)	'ta'ar	תַּעַר (ז)
Rasiercreme (f)	'ket︎sef gi'luaχ	קֶצֶף גִּילוּחַ (ז)
sich rasieren	lehitga'leaχ	לְהִתְגַּלֵּחַ

| Seife (f) | sabon | סַבּוֹן (ז) |
| Shampoo (n) | ∫ampu | שַׁמְפּוּ (ז) |

Schere (f)	mispa'rayim	מִסְפָּרַיִים (ז"ר)
Nagelfeile (f)	pt︎sira	פְּצִירָה (נ)
Nagelzange (f)	gozez t︎sipor'nayim	גּוֹזֵז צִיפּוֹרְנַיִים (ז)
Pinzette (f)	pin't︎seta	פִּינְצֶטָה (נ)

Kosmetik (f)	tamrukim	תַּמְרוּקִים (ז"ר)
Gesichtsmaske (f)	maseχa	מַסֵּכָה (נ)
Maniküre (f)	manikur	מָנִיקוּר (ז)
Maniküre machen	la'asot manikur	לַעֲשׂוֹת מָנִיקוּר
Pediküre (f)	pedikur	פֶּדִיקוּר (ז)

Kosmetiktasche (f)	tik ipur	תִּיק אִיפּוּר (ז)
Puder (m)	'pudra	פּוּדְרָה (נ)
Puderdose (f)	pudriya	פּוּדְרִיָּה (נ)
Rouge (n)	'somek	סוֹמֶק (ז)

Parfüm (n)	'bosem	בּוֹשֶׂם (ז)
Duftwasser (n)	mei 'bosem	מֵי בּוֹשֶׂם (ז"ר)
Lotion (f)	mei panim	מֵי פָּנִים (ז"ר)
Kölnischwasser (n)	mei 'bosem	מֵי בּוֹשֶׂם (ז"ר)

Lidschatten (m)	t︎slalit	צְלָלִית (נ)
Kajalstift (m)	ai 'lainer	אַי לַיינֶר (ז)
Wimperntusche (f)	'maskara	מַסְקָרָה (נ)
Lippenstift (m)	sfaton	שְׂפָתוֹן (ז)

Nagellack (m)	'laka letsipor'nayim	לַכָּה לְצִיפּוֹרְנַיִים (נ)
Haarlack (m)	tarsis lese'ar	תַּרְסִיס לְשֵׂיעָר (ז)
Deodorant (n)	de'odo'rant	דֵּאוֹדוֹרַנְט (ז)

Creme (f)	krem	קְרֶם (ז)
Gesichtscreme (f)	krem panim	קְרֶם פָּנִים (ז)
Handcreme (f)	krem ya'dayim	קְרֶם יָדַיִים (ז)
Anti-Falten-Creme (f)	krem 'neged kmatim	קְרֶם נֶגֶד קְמָטִים (ז)
Tagescreme (f)	krem yom	קְרֶם יוֹם (ז)
Nachtcreme (f)	krem 'laila	קְרֶם לַיְלָה (ז)
Tages-	yomi	יוֹמִי
Nacht-	leili	לֵילִי

Tampon (m)	tampon	טַמְפּוֹן (ז)
Toilettenpapier (n)	neyar tu'alet	נְיַיר טוּאָלֶט (ז)
Föhn (m)	meyabeʃ se'ar	מְיַיבֵּשׁ שֵׂיעָר (ז)

40. Armbanduhren Uhren

Armbanduhr (f)	ʃe'on yad	שְׁעוֹן יָד (ז)
Zifferblatt (n)	'luaχ ʃa'on	לוּחַ שָׁעוֹן (ז)
Zeiger (m)	maχog	מָחוֹג (ז)
Metallarmband (n)	tsamid	צָמִיד (ז)
Uhrenarmband (n)	retsu'a leʃa'on	רְצוּעָה לְשָׁעוֹן (נ)

Batterie (f)	solela	סוֹלְלָה (נ)
verbraucht sein	lehitroken	לְהִתְרוֹקֵן
die Batterie wechseln	lehaχlif	לְהַחְלִיף
vorgehen (vi)	lemaher	לְמַהֵר
nachgehen (vi)	lefager	לְפַגֵּר

Wanduhr (f)	ʃe'on kir	שְׁעוֹן קִיר (ז)
Sanduhr (f)	ʃe'on χol	שְׁעוֹן חוֹל (ז)
Sonnenuhr (f)	ʃe'on 'ʃemeʃ	שְׁעוֹן שֶׁמֶשׁ (ז)
Wecker (m)	ʃa'on me'orer	שָׁעוֹן מְעוֹרֵר (ז)
Uhrmacher (m)	ʃa'an	שְׁעָן (ז)
reparieren (vt)	letaken	לְתַקֵּן

ALLTAGSERFAHRUNG

41. Geld

Geld (n)	'kesef	כֶּסֶף (ז)
Austausch (m)	hamara	הֲמָרָה (נ)
Kurs (m)	'ʃaʕar χalifin	שַׁעַר חֲלִיפִין (ז)
Geldautomat (m)	kaspomat	כַּספּוֹמָט (ז)
Münze (f)	mat'beʕa	מַטבֵּעַ (ז)

Dollar (m)	'dolar	דוֹלָר (ז)
Euro (m)	'eiro	אֵירוֹ (ז)

Lira (f)	'lira	לִירָה (נ)
Mark (f)	mark germani	מַרק גֶּרמָנִי (ז)
Franken (m)	frank	פרַנק (ז)
Pfund Sterling (n)	'lira 'sterling	לִירָה שׁטֶרלִינג (נ)
Yen (m)	yen	יֵן (ז)

Schulden (pl)	χov	חוֹב (ז)
Schuldner (m)	'baʕal χov	בַּעַל חוֹב (ז)
leihen (vt)	lehalvot	לְהַלווֹת
leihen, borgen (Geld usw.)	lilvot	לִלווֹת

Bank (f)	bank	בַּנק (ז)
Konto (n)	χeʃbon	חֶשׁבּוֹן (ז)
einzahlen (vt)	lehafkid	לְהַפקִיד
auf ein Konto einzahlen	lehafkid leχeʃbon	לְהַפקִיד לְחֶשׁבּוֹן
abheben (vt)	limʃoχ meχeʃbon	לִמשׁוֹך מֵחֶשׁבּוֹן

Kreditkarte (f)	kartis aʃrai	כַּרטִיס אַשׁרַאי (ז)
Bargeld (n)	mezuman	מְזוּמָן
Scheck (m)	tʃek	צֶ׳ק (ז)
einen Scheck schreiben	liχtov tʃek	לִכתוֹב צֶ׳ק
Scheckbuch (n)	pinkas 'tʃekim	פִּנקָס צֶ׳קִים (ז)

Geldtasche (f)	arnak	אַרנָק (ז)
Geldbeutel (m)	arnak lematbeʕʕot	אַרנָק לְמַטבְּעוֹת (ז)
Safe (m)	ka'sefet	כַּסֶּפֶת (נ)

Erbe (m)	yoreʃ	יוֹרֵשׁ (ז)
Erbschaft (f)	yeruʃa	יְרוּשָׁה (נ)
Vermögen (n)	'oʃer	עוֹשֶׁר (ז)

Pacht (f)	χoze sχirut	חוֹזֶה שׂכִירוּת (ז)
Miete (f)	sχar dira	שׂכַר דִּירָה (ז)
mieten (vt)	liskor	לִשׂכּוֹר

Preis (m)	meχir	מְחִיר (ז)
Kosten (pl)	alut	עֲלוּת (נ)

Summe (f)	sχum	סכום (ז)
ausgeben (vt)	lehotsi	לְהוֹצִיא
Ausgaben (pl)	hotsa'ot	הוֹצָאוֹת (נ"ר)
sparen (vt)	laχasoχ	לַחֲסוֹךְ
sparsam	χesχoni	חֶסְכוֹנִי

zahlen (vt)	leʃalem	לְשַׁלֵם
Lohn (m)	taʃlum	תַשְׁלוּם (ז)
Wechselgeld (n)	'odef	עוֹדֶף (ז)

Steuer (f)	mas	מַס (ז)
Geldstrafe (f)	knas	קְנָס (ז)
bestrafen (vt)	liknos	לִקְנוֹס

42. Post. Postdienst

Post (Postamt)	'do'ar	דוֹאַר (ז)
Post (Postsendungen)	'do'ar	דוֹאַר (ז)
Briefträger (m)	davar	דַוָּר (ז)
Öffnungszeiten (pl)	ʃa'ot avoda	שְׁעוֹת עֲבוֹדָה (נ"ר)

Brief (m)	miχtav	מִכְתָּב (ז)
Einschreibebrief (m)	miχtav raʃum	מִכְתָּב רָשׁוּם (ז)
Postkarte (f)	gluya	גְלוּיָה (נ)
Telegramm (n)	mivrak	מִבְרָק (ז)
Postpaket (n)	χavila	חֲבִילָה (נ)
Geldanweisung (f)	ha'avarat ksafim	הַעֲבָרַת כְּסָפִים (נ)

bekommen (vt)	lekabel	לְקַבֵּל
abschicken (vt)	liʃ'loaχ	לִשְׁלוֹחַ
Absendung (f)	ʃliχa	שְׁלִיחָה (נ)
Postanschrift (f)	'ktovet	כְּתוֹבֶת (נ)
Postleitzahl (f)	mikud	מִיקוּד (ז)
Absender (m)	ʃo'leaχ	שׁוֹלֵחַ (ז)
Empfänger (m)	nim'an	נִמְעָן (ז)

Vorname (m)	ʃem prati	שֵׁם פְּרָטִי (ז)
Nachname (m)	ʃem miʃpaχa	שֵׁם מִשְׁפָּחָה (ז)
Tarif (m)	ta'arif	תַעֲרִיף (ז)
Standard- (Tarif)	ragil	רָגִיל
Spar- (-tarif)	χesχoni	חֶסְכוֹנִי

Gewicht (n)	miʃkal	מִשְׁקָל (ז)
abwiegen (vt)	liʃkol	לִשְׁקוֹל
Briefumschlag (m)	ma'atafa	מַעֲטָפָה (נ)
Briefmarke (f)	bul 'do'ar	בּוּל דוֹאַר (ז)
Briefmarke aufkleben	lehadbik bul	לְהַדְבִּיק בּוּל

43. Bankgeschäft

Bank (f)	bank	בַּנְק (ז)
Filiale (f)	snif	סְנִיף (ז)

| Berater (m) | yo'ets | יוֹעֵץ (ז) |
| Leiter (m) | menahel | מְנַהֵל (ז) |

Konto (n)	χeʃbon	חֶשְׁבּוֹן (ז)
Kontonummer (f)	mispar χeʃbon	מִסְפַּר חֶשְׁבּוֹן (ז)
Kontokorrent (n)	χeʃbon over vaʃav	חֶשְׁבּוֹן עוֹבֵר וָשָׁב (ז)
Sparkonto (n)	χeʃbon χisaχon	חֶשְׁבּוֹן חִסָּכוֹן (ז)

ein Konto eröffnen	lif'toaχ χeʃbon	לִפְתּוֹחַ חֶשְׁבּוֹן
das Konto schließen	lisgor χeʃbon	לִסְגּוֹר חֶשְׁבּוֹן
einzahlen (vt)	lehafkid leχeʃbon	לְהַפְקִיד לְחֶשְׁבּוֹן
abheben (vt)	limʃoχ meχeʃbon	לִמְשׁוֹךְ מֵחֶשְׁבּוֹן

Einzahlung (f)	pikadon	פִּיקָדוֹן (ז)
eine Einzahlung machen	lehafkid	לְהַפְקִיד
Überweisung (f)	ha'avara banka'it	הַעֲבָרָה בַּנְקָאִית (נ)
überweisen (vt)	leha'avir 'kesef	לְהַעֲבִיר כֶּסֶף

| Summe (f) | sχum | סְכוּם (ז) |
| Wieviel? | 'kama? | כַּמָּה? |

| Unterschrift (f) | χatima | חֲתִימָה (נ) |
| unterschreiben (vt) | laχtom | לַחְתּוֹם |

Kreditkarte (f)	kartis aʃrai	כַּרְטִיס אַשְׁרַאי (ז)
Code (m)	kod	קוֹד (ז)
Kreditkartennummer (f)	mispar kartis aʃrai	מִסְפַּר כַּרְטִיס אַשְׁרַאי (ז)
Geldautomat (m)	kaspomat	כַּסְפּוֹמָט (ז)

Scheck (m)	tʃek	צֵ'ק (ז)
einen Scheck schreiben	liχtov tʃek	לִכְתּוֹב צֵ'ק
Scheckbuch (n)	pinkas 'tʃekim	פִּנְקָס צֵ'קִים (ז)

Darlehen (m)	halva'a	הַלְוָאָה (נ)
ein Darlehen beantragen	levakeʃ halva'a	לְבַקֵּשׁ הַלְוָאָה
ein Darlehen aufnehmen	lekabel halva'a	לְקַבֵּל הַלְוָאָה
ein Darlehen geben	lehalvot	לְהַלְווֹת
Sicherheit (f)	arvut	עַרְבוּת (נ)

44. Telefon. Telefongespräche

Telefon (n)	'telefon	טֶלֶפוֹן (ז)
Mobiltelefon (n)	'telefon nayad	טֶלֶפוֹן נַיָּיד (ז)
Anrufbeantworter (m)	meʃivon	מְשִׁיבוֹן (ז)

| anrufen (vt) | letsaltsel | לְצַלְצֵל |
| Anruf (m) | siχat 'telefon | שִׂיחַת טֶלֶפוֹן (נ) |

eine Nummer wählen	leχayeg mispar	לְחַיֵּיג מִסְפַּר
Hallo!	'halo!	הָלוֹ!
fragen (vt)	liʃ'ol	לִשְׁאוֹל
antworten (vi)	la'anot	לַעֲנוֹת
hören (vt)	liʃ'mo'a	לִשְׁמוֹעַ
gut (~ aussehen)	tov	טוֹב

| schlecht (Adv) | lo tov | לֹא טוֹב |
| Störungen (pl) | hafra'ot | הַפְרָעוֹת (נ"ר) |

Hörer (m)	ʃfo'feret	שְׁפוֹפֶרֶת (נ)
den Hörer abnehmen	leharim ʃfo'feret	לְהָרִים שְׁפוֹפֶרֶת
auflegen (den Hörer ~)	leha'niax ʃfo'feret	לְהָנִיחַ שְׁפוֹפֶרֶת

besetzt	tafus	תָּפוּס
läuten (vi)	leʦalʦel	לְצַלְצֵל
Telefonbuch (n)	'sefer tele'fonim	סֵפֶר טֶלֶפוֹנִים (ז)

Orts-	mekomi	מְקוֹמִי
Ortsgespräch (n)	sixa mekomit	שִׂיחָה מְקוֹמִית (נ)
Auslands-	benle'umi	בֵּינְלְאוּמִי
Auslandsgespräch (n)	sixa benle'umit	שִׂיחָה בֵּינְלְאוּמִית (נ)
Fern-	bein ironi	בֵּין עִירוֹנִי
Ferngespräch (n)	sixa bein ironit	שִׂיחָה בֵּין עִירוֹנִית (נ)

45. Mobiltelefon

Mobiltelefon (n)	'telefon nayad	טֶלֶפוֹן נַיָּד (ז)
Display (n)	masax	מָסָךְ (ז)
Knopf (m)	kaftor	כַּפְתּוֹר (ז)
SIM-Karte (f)	kartis sim	כַּרְטִיס סִים (ז)

Batterie (f)	solela	סוֹלְלָה (נ)
leer sein (Batterie)	lehitroken	לְהִתְרוֹקֵן
Ladegerät (n)	mit'an	מִטְעָן (ז)

Menü (n)	tafrit	תַּפְרִיט (ז)
Einstellungen (pl)	hagdarot	הַגְדָּרוֹת (נ"ר)
Melodie (f)	mangina	מַנְגִּינָה (נ)
auswählen (vt)	livxor	לִבְחוֹר

Rechner (m)	maxʃevon	מַחְשְׁבוֹן (ז)
Anrufbeantworter (m)	ta koli	תָּא קוֹלִי (ז)
Wecker (m)	ʃa'on me'orer	שָׁעוֹן מְעוֹרֵר (ז)
Kontakte (pl)	anʃei 'keʃer	אַנְשֵׁי קֶשֶׁר (ז"ר)

| SMS-Nachricht (f) | misron | מִסְרוֹן (ז) |
| Teilnehmer (m) | manui | מָנוּי (ז) |

46. Bürobedarf

| Kugelschreiber (m) | et kaduri | עֵט כַּדּוּרִי (ז) |
| Federhalter (m) | et no've'a | עֵט נוֹבֵעַ (ז) |

Bleistift (m)	iparon	עִיפָּרוֹן (ז)
Faserschreiber (m)	'marker	מַרְקֵר (ז)
Filzstift (m)	tuʃ	טוּשׁ (ז)
Notizblock (m)	pinkas	פִּנְקָס (ז)
Terminkalender (m)	yoman	יוֹמָן (ז)

49

Lineal (n)	sargel	סַרְגֵּל (ז)
Rechner (m)	maxʃevon	מַחְשְׁבוֹן (ז)
Radiergummi (m)	'maxak	מַחַק (ז)
Reißzwecke (f)	'na'ats	נַעַץ (ז)
Heftklammer (f)	mehadek	מְהַדֵּק (ז)

Klebstoff (m)	'devek	דֶּבֶק (ז)
Hefter (m)	ʃadxan	שַׁדְכָן (ז)
Locher (m)	menakev	מְנַקֵּב (ז)
Bleistiftspitzer (m)	maxded	מַחְדֵּד (ז)

47. Fremdsprachen

Sprache (f)	safa	שָׂפָה (נ)
Fremd-	zar	זָר
Fremdsprache (f)	safa zara	שָׂפָה זָרָה (נ)
studieren (z.B. Jura ~)	lilmod	לִלְמוֹד
lernen (Englisch ~)	lilmod	לִלְמוֹד

lesen (vi, vt)	likro	לִקְרוֹא
sprechen (vi, vt)	ledaber	לְדַבֵּר
verstehen (vt)	lehavin	לְהָבִין
schreiben (vi, vt)	lixtov	לִכְתוֹב

schnell (Adv)	maher	מַהֵר
langsam (Adv)	le'at	לְאַט
fließend (Adv)	xofʃi	חוֹפְשִׁי

Regeln (pl)	klalim	כְּלָלִים (ז"ר)
Grammatik (f)	dikduk	דִּקְדּוּק (ז)
Vokabular (n)	otsar milim	אוֹצַר מִילִים (ז)
Phonetik (f)	torat ha'hege	תּוֹרַת הַהֶגֶה (נ)

Lehrbuch (n)	'sefer limud	סֵפֶר לִימוּד (ז)
Wörterbuch (n)	milon	מִילוֹן (ז)
Selbstlernbuch (n)	'sefer lelimud atsmi	סֵפֶר לְלִימּוּד עַצְמִי (ז)
Sprachführer (m)	sixon	שִׂיחוֹן (ז)

Kassette (f)	ka'letet	קַלֶּטֶת (נ)
Videokassette (f)	ka'letet 'vide'o	קַלֶּטֶת וִידִיאוֹ (נ)
CD (f)	taklitor	תַּקְלִיטוֹר (ז)
DVD (f)	di vi di	דִּי. וִי. דִּי. (ז)

Alphabet (n)	alefbeit	אָלֶפְבֵּית (ז)
buchstabieren (vt)	le'ayet	לְאַיֵּת
Aussprache (f)	hagiya	הַגִּיָּה (נ)

Akzent (m)	mivta	מִבְטָא (ז)
mit Akzent	im mivta	עִם מִבְטָא
ohne Akzent	bli mivta	בְּלִי מִבְטָא

Wort (n)	mila	מִילָה (נ)
Bedeutung (f)	maʃma'ut	מַשְׁמָעוּת (נ)
Kurse (pl)	kurs	קוּרְס (ז)

sich einschreiben	leheraʃem lekurs	לְהֵירָשֵׁם לְקוּרְס
Lehrer (m)	more	מוֹרֶה (ז)
Übertragung (f)	tirgum	תִּרְגוּם (ז)
Übersetzung (f)	tirgum	תִּרְגוּם (ז)
Übersetzer (m)	metargem	מְתַרְגֵּם (ז)
Dolmetscher (m)	meturgeman	מְתוּרְגְּמָן (ז)
Polyglott (m, f)	poliglot	פּוֹלִיגְלוֹט (ז)
Gedächtnis (n)	zikaron	זִיכָּרוֹן (ז)

MAHLZEITEN. RESTAURANT

48. Gedeck

Löffel (m)	kaf	כַּף (ז)
Messer (n)	sakin	סַכִּין (ז, נ)
Gabel (f)	mazleg	מַזְלֵג (ז)
Tasse (eine ~ Tee)	'sefel	סֵפֶל (ז)
Teller (m)	tsa'laxat	צַלַּחַת (נ)
Untertasse (f)	taxtit	תַּחְתִּית (נ)
Serviette (f)	mapit	מַפִּית (נ)
Zahnstocher (m)	keisam ʃi'nayim	קֵיסָם שִׁינַּיִם (ז)

49. Restaurant

Restaurant (n)	mis'ada	מִסְעָדָה (נ)
Kaffeehaus (n)	beit kafe	בֵּית קָפֶה (ז)
Bar (f)	bar, pab	בָּר, פָּאבּ (ז)
Teesalon (m)	beit te	בֵּית תֶּה (ז)
Kellner (m)	meltsar	מֶלְצָר (ז)
Kellnerin (f)	meltsarit	מֶלְצָרִית (נ)
Barmixer (m)	'barmen	בַּרְמֶן (ז)
Speisekarte (f)	tafrit	תַּפְרִיט (ז)
Weinkarte (f)	reʃimat yeynot	רְשִׁימַת יֵינוֹת (נ)
einen Tisch reservieren	lehazmin ʃulxan	לְהַזְמִין שׁוּלְחָן
Gericht (n)	mana	מָנָה (נ)
bestellen (vt)	lehazmin	לְהַזְמִין
eine Bestellung aufgeben	lehazmin	לְהַזְמִין
Aperitif (m)	maʃke meta'aven	מַשְׁקֶה מִתַאֲבֵן (ז)
Vorspeise (f)	meta'aven	מִתַאֲבֵן (ז)
Nachtisch (m)	ki'nuax	קִינוּחַ (ז)
Rechnung (f)	xeʃbon	חֶשְׁבּוֹן (ז)
Rechnung bezahlen	leʃalem	לְשַׁלֵּם
das Wechselgeld geben	latet 'odef	לָתֵת עוֹדֶף
Trinkgeld (n)	tip	טִיפּ (ז)

50. Mahlzeiten

Essen (n)	'oxel	אוֹכֶל (ז)
essen (vi, vt)	le'exol	לֶאֱכוֹל

Frühstück (n)	aruχat 'boker	אֲרוּחַת בּוֹקֶר (נ)
frühstücken (vi)	le'eχol aruχat 'boker	לֶאֱכוֹל אֲרוּחַת בּוֹקֶר
Mittagessen (n)	aruχat tsaha'rayim	אֲרוּחַת צָהֳרַיִם (נ)
zu Mittag essen	le'eχol aruχat tsaha'rayim	לֶאֱכוֹל אֲרוּחַת צָהֳרַיִם
Abendessen (n)	aruχat 'erev	אֲרוּחַת עֶרֶב (נ)
zu Abend essen	le'eχol aruχat 'erev	לֶאֱכוֹל אֲרוּחַת עֶרֶב

Appetit (m)	te'avon	תֵּיאָבוֹן (ז)
Guten Appetit!	betei'avon!	בְּתֵיאָבוֹן!

öffnen (vt)	lif'toaχ	לִפְתּוֹחַ
verschütten (vt)	liʃpoχ	לִשְׁפּוֹךְ
verschüttet werden	lehiʃapeχ	לְהִישָׁפֵךְ

kochen (vi)	lir'toaχ	לִרְתּוֹחַ
kochen (Wasser ~)	lehar'tiaχ	לְהַרְתִּיחַ
gekocht (Adj)	ra'tuaχ	רָתוּחַ
kühlen (vt)	lekarer	לְקָרֵר
abkühlen (vi)	lehitkarer	לְהִתְקָרֵר

Geschmack (m)	'ta'am	טַעַם (ז)
Beigeschmack (m)	'ta'am levai	טַעַם לְוַואי (ז)

auf Diät sein	lirzot	לִרְזוֹת
Diät (f)	di''eta	דִּיאֶטָה (נ)
Vitamin (n)	vitamin	וִיטָמִין (ז)
Kalorie (f)	ka'lorya	קָלוֹרְיָה (נ)
Vegetarier (m)	tsimχoni	צִמְחוֹנִי (ז)
vegetarisch (Adj)	tsimχoni	צִמְחוֹנִי

Fett (n)	ʃumanim	שׁוּמָנִים (ז"ר)
Protein (n)	χelbonim	חֶלְבּוֹנִים (ז"ר)
Kohlenhydrat (n)	paχmema	פַּחְמֵימָה (נ)
Scheibchen (n)	prusa	פְּרוּסָה (נ)
Stück (ein ~ Kuchen)	χatiχa	חֲתִיכָה (נ)
Krümel (m)	perur	פֵּירוּר (ז)

51. Gerichte

Gericht (n)	mana	מָנָה (נ)
Küche (f)	mitbaχ	מִטְבָּח (ז)
Rezept (n)	matkon	מַתְכּוֹן (ז)
Portion (f)	mana	מָנָה (נ)

Salat (m)	salat	סָלָט (ז)
Suppe (f)	marak	מָרָק (ז)

Brühe (f), Bouillon (f)	marak tsaχ, tsir	מָרָק צַח, צִיר (ז)
belegtes Brot (n)	kariχ	כָּרִיךְ (ז)
Spiegelei (n)	beitsat ain	בֵּיצַת עַיִן (נ)

Hamburger (m)	'hamburger	הַמְבּוּרְגֶּר (ז)
Beefsteak (n)	umtsa, steik	אוּמְצָה (נ) , סְטֵייק (ז)
Beilage (f)	to'sefet	תּוֹסֶפֶת (נ)

Spaghetti (pl)	spa'geti	סְפָּגֶטִי (ז)
Kartoffelpüree (n)	meχit tapuχei adama	מְחִית תַּפּוּחֵי אֲדָמָה (נ)
Pizza (f)	'pitsa	פִּיצָה (נ)
Brei (m)	daysa	דַּייסָה (נ)
Omelett (n)	χavita	חֲבִיתָה (נ)

gekocht	mevuʃal	מְבוּשָׁל
geräuchert	me'uʃan	מְעוּשָׁן
gebraten	metugan	מְטוּגָּן
getrocknet	meyubaʃ	מְיוּבָּשׁ
tiefgekühlt	kafu	קָפוּא
mariniert	kavuʃ	כָּבוּשׁ

süß	matok	מָתוֹק
salzig	ma'luaχ	מָלוּחַ
kalt	kar	קַר
heiß	χam	חַם
bitter	marir	מָרִיר
lecker	ta'im	טָעִים

kochen (vt)	levaʃel be'mayim rotχim	לְבַשֵׁל בְּמַיִם רוֹתְחִים
zubereiten (vt)	levaʃel	לְבַשֵׁל
braten (vt)	letagen	לְטַגֵּן
aufwärmen (vt)	leχamem	לְחַמֵּם

salzen (vt)	leham'liaχ	לְהַמְלִיחַ
pfeffern (vt)	lefalpel	לְפַלְפֵּל
reiben (vt)	lerasek	לְרַסֵק
Schale (f)	klipa	קְלִיפָה (נ)
schälen (vt)	lekalef	לְקַלֵּף

52. Essen

Fleisch (n)	basar	בָּשָׂר (ז)
Hühnerfleisch (n)	of	עוֹף (ז)
Küken (n)	pargit	פַּרְגִּית (נ)
Ente (f)	barvaz	בַּרְוָז (ז)
Gans (f)	avaz	אָווָז (ז)
Wild (n)	'tsayid	צַיִד (ז)
Pute (f)	'hodu	הוֹדוּ (ז)

Schweinefleisch (n)	basar χazir	בָּשָׂר חֲזִיר (ז)
Kalbfleisch (n)	basar 'egel	בָּשָׂר עֵגֶל (ז)
Hammelfleisch (n)	basar 'keves	בָּשָׂר כֶּבֶשׂ (ז)
Rindfleisch (n)	bakar	בָּקָר (ז)
Kaninchenfleisch (n)	arnav	אַרְנָב (ז)

Wurst (f)	naknik	נַקְנִיק (ז)
Würstchen (n)	naknikiya	נַקְנִיקִייָה (נ)
Schinkenspeck (m)	'kotel χazir	קוֹתֶל חֲזִיר (ז)
Schinken (m)	basar χazir me'uʃan	בָּשָׂר חֲזִיר מְעוּשָׁן (ז)
Räucherschinken (m)	'kotel χazir me'uʃan	קוֹתֶל חֲזִיר מְעוּשָׁן (ז)
Pastete (f)	pate	פָּטֶה (ז)
Leber (f)	kaved	כָּבֵד (ז)

| Hackfleisch (n) | basar taxun | בָּשָׂר טָחוּן (ז) |
| Zunge (f) | lafon | לָשׁוֹן (נ) |

Ei (n)	beitsa	בֵּיצָה (נ)
Eier (pl)	beitsim	בֵּיצִים (ז"ר)
Eiweiß (n)	xelbon	חֶלְבּוֹן (ז)
Eigelb (n)	xelmon	חֶלְמוֹן (ז)

Fisch (m)	dag	דָּג (ז)
Meeresfrüchte (pl)	perot yam	פֵּירוֹת יָם (ז"ר)
Krebstiere (pl)	sartana'im	סַרְטָנָאִים (ז"ר)
Kaviar (m)	kavyar	קָוְויָאר (ז)

Krabbe (f)	sartan yam	סַרְטָן יָם (ז)
Garnele (f)	frimps	שְׁרִימְפְּס (ז"ר)
Auster (f)	tsidpat ma'axal	צִדְפַּת מַאֲכָל (נ)
Languste (f)	'lobster kotsani	לוֹבְּסְטֶר קוֹצָנִי (ז)
Krake (m)	tamnun	תַּמְנוּן (ז)
Kalmar (m)	kala'mari	קָלָמָארִי (ז)

Störfleisch (n)	basar haxidkan	בָּשָׂר הַחִדְקָן (ז)
Lachs (m)	'salmon	סַלְמוֹן (ז)
Heilbutt (m)	putit	פּוּטִית (נ)

Dorsch (m)	fibut	שִׁיבּוּט (ז)
Makrele (f)	kolyas	קוֹלְיָיס (ז)
Tunfisch (m)	'tuna	טוּנָה (נ)
Aal (m)	tslofax	צְלוֹפָח (ז)

Forelle (f)	forel	פּוֹרֶל (ז)
Sardine (f)	sardin	סַרְדִּין (ז)
Hecht (m)	ze'ev 'mayim	זְאֵב מַיִם (ז)
Hering (m)	ma'liax	מָלִיח (ז)

Brot (n)	'lexem	לֶחֶם (ז)
Käse (m)	gvina	גְּבִינָה (נ)
Zucker (m)	sukar	סוּכָּר (ז)
Salz (n)	'melax	מֶלַח (ז)

Reis (m)	'orez	אוֹרֶז (ז)
Teigwaren (pl)	'pasta	פַּסְטָה (נ)
Nudeln (pl)	irtiyot	אִטְרִיּוֹת (נ"ר)

Butter (f)	xem'a	חֶמְאָה (נ)
Pflanzenöl (n)	'femen tsimxi	שֶׁמֶן צִמְחִי (ז)
Sonnenblumenöl (n)	'femen xamaniyot	שֶׁמֶן חַמָּנִיּוֹת (ז)
Margarine (f)	marga'rina	מַרְגָּרִינָה (נ)

| Oliven (pl) | zeitim | זֵיתִים (ז"ר) |
| Olivenöl (n) | 'femen 'zayit | שֶׁמֶן זַיִת (ז) |

Milch (f)	xalav	חָלָב (ז)
Kondensmilch (f)	xalav merukaz	חָלָב מְרוּכָּז (ז)
Joghurt (m)	'yogurt	יוֹגוּרְט (ז)
saure Sahne (f)	fa'menet	שַׁמֶּנֶת (נ)
Sahne (f)	fa'menet	שַׁמֶּנֶת (נ)

| Mayonnaise (f) | mayonez | מָיוֹנֵז (ז) |
| Buttercreme (f) | ka'tsefet xem'a | קַצֶּפֶת חֶמְאָה (נ) |

Grütze (f)	grisim	גְּרִיסִים (ז"ר)
Mehl (n)	'kemax	קֶמַח (ז)
Konserven (pl)	ʃimurim	שִׁימוּרִים (ז"ר)

Maisflocken (pl)	ptitei 'tiras	פְּתִיתֵי תִּירָס (ז"ר)
Honig (m)	dvaʃ	דְּבַשׁ (ז)
Marmelade (f)	riba	רִיבָּה (נ)
Kaugummi (m, n)	'mastik	מַסְטִיק (ז)

53. Getränke

Wasser (n)	'mayim	מַיִם (ז"ר)
Trinkwasser (n)	mei ʃtiya	מֵי שְׁתִיָּיה (ז"ר)
Mineralwasser (n)	'mayim mine'raliyim	מַיִם מִינְרָלִיִּים (ז"ר)

still	lo mugaz	לֹא מוּגָז
mit Kohlensäure	mugaz	מוּגָז
mit Gas	mugaz	מוּגָז
Eis (n)	'kerax	קֶרַח (ז)
mit Eis	im 'kerax	עִם קֶרַח

alkoholfrei (Adj)	natul alkohol	נְטוּל אַלְכּוֹהוֹל
alkoholfreies Getränk (n)	maʃke kal	מַשְׁקֶה קַל (ז)
Erfrischungsgetränk (n)	maʃke mera'anen	מַשְׁקֶה מְרַעֲנֵן (ז)
Limonade (f)	limo'nada	לִימוֹנָדָה (נ)

Spirituosen (pl)	maʃka'ot xarifim	מַשְׁקָאוֹת חֲרִיפִים (ז"ר)
Wein (m)	'yayin	יַיִן (ז)
Weißwein (m)	'yayin lavan	יַיִן לָבָן (ז)
Rotwein (m)	'yayin adom	יַיִן אָדוֹם (ז)

Likör (m)	liker	לִיקֶר (ז)
Champagner (m)	ʃam'panya	שַׁמְפַּנְיָה (נ)
Wermut (m)	'vermut	וֶרְמוּט (ז)

Whisky (m)	'viski	וִיסְקִי (ז)
Wodka (m)	'vodka	וֹודְקָה (נ)
Gin (m)	dʒin	גִ'ין (ז)
Kognak (m)	'konyak	קוֹנְיָאק (ז)
Rum (m)	rom	רוֹם (ז)

Kaffee (m)	kafe	קָפֶּה (ז)
schwarzer Kaffee (m)	kafe ʃaxor	קָפֶּה שָׁחוֹר (ז)
Milchkaffee (m)	kafe hafux	קָפֶּה הָפוּךְ (ז)
Cappuccino (m)	kapu'tʃino	קָפּוּצִ'ינוֹ (ז)
Pulverkaffee (m)	kafe names	קָפֶּה נָמֵס (ז)

Milch (f)	xalav	חָלָב (ז)
Cocktail (m)	kokteil	קוֹקְטֵיל (ז)
Milchcocktail (m)	'milkʃeik	מִילְקְשֵׁייק (ז)
Saft (m)	miʦ	מִיץ (ז)

Tomatensaft (m)	mits agvaniyot	מִיץ עַגְבָנִיּוֹת (ז)
Orangensaft (m)	mits tapuzim	מִיץ תַּפּוּזִים (ז)
frisch gepresster Saft (m)	mits saχut	מִיץ סָחוּט (ז)

Bier (n)	'bira	בִּירָה (נ)
Helles (n)	'bira bahira	בִּירָה בָּהִירָה (נ)
Dunkelbier (n)	'bira keha	בִּירָה כֵּהָה (נ)

Tee (m)	te	תֵּה (ז)
schwarzer Tee (m)	te ʃaχor	תֵּה שָׁחוֹר (ז)
grüner Tee (m)	te yarok	תֵּה יָרוֹק (ז)

54. Gemüse

| Gemüse (n) | yerakot | יְרָקוֹת (ז״ר) |
| grünes Gemüse (pl) | 'yerek | יָרָק (ז) |

Tomate (f)	agvaniya	עַגְבָנִיָּה (נ)
Gurke (f)	melafefon	מְלָפְפוֹן (ז)
Karotte (f)	'gezer	גֶּזֶר (ז)
Kartoffel (f)	ta'puaχ adama	תַּפּוּחַ אֲדָמָה (ז)
Zwiebel (f)	batsal	בָּצָל (ז)
Knoblauch (m)	ʃum	שׁוּם (ז)

| Kohl (m) | kruv | כְּרוּב (ז) |
| Blumenkohl (m) | kruvit | כְּרוּבִית (נ) |

| Rosenkohl (m) | kruv nitsanim | כְּרוּב נִצָּנִים (ז) |
| Brokkoli (m) | 'brokoli | בְּרוֹקוֹלִי (ז) |

Rote Bete (f)	'selek	סֶלֶק (ז)
Aubergine (f)	χatsil	חָצִיל (ז)
Zucchini (f)	kiʃu	קִישׁוּא (ז)

| Kürbis (m) | 'dla'at | דְּלַעַת (נ) |
| Rübe (f) | 'lefet | לֶפֶת (נ) |

Petersilie (f)	petro'zilya	פֶּטְרוֹזִילְיָה (נ)
Dill (m)	ʃamir	שָׁמִיר (ז)
Kopf Salat (m)	'χasa	חַסָּה (נ)
Sellerie (m)	'seleri	סֶלֶרִי (ז)

| Spargel (m) | aspa'ragos | אַסְפָּרָגוֹס (ז) |
| Spinat (m) | 'tered | תֶּרֶד (ז) |

| Erbse (f) | afuna | אֲפוּנָה (נ) |
| Bohnen (pl) | pol | פּוֹל (ז) |

| Mais (m) | 'tiras | תִּירָס (ז) |
| weiße Bohne (f) | ʃu'it | שְׁעוּעִית (נ) |

Paprika (m)	'pilpel	פִּלְפֵּל (ז)
Radieschen (n)	tsnonit	צְנוֹנִית (נ)
Artischocke (f)	artiʃok	אַרְטִישׁוֹק (ז)

55. Obst. Nüsse

Frucht (f)	pri	פְּרִי (ז)
Apfel (m)	ta'puax	תַּפּוּחַ (ז)
Birne (f)	agas	אַגָּס (ז)
Zitrone (f)	limon	לִימוֹן (ז)
Apfelsine (f)	tapuz	תַּפּוּז (ז)
Erdbeere (f)	tut sade	תּוּת שָׂדֶה (ז)
Mandarine (f)	klemen'tina	קְלֶמֶנְטִינָה (נ)
Pflaume (f)	ʃezif	שְׁזִיף (ז)
Pfirsich (m)	afarsek	אֲפַרְסֵק (ז)
Aprikose (f)	'miʃmeʃ	מִשְׁמֵשׁ (ז)
Himbeere (f)	'petel	פֶּטֶל (ז)
Ananas (f)	'ananas	אֲנָנָס (ז)
Banane (f)	ba'nana	בַּנָנָה (נ)
Wassermelone (f)	ava'tiax	אֲבַטִּיחַ (ז)
Weintrauben (pl)	anavim	עֲנָבִים (ז"ר)
Sauerkirsche (f)	duvdevan	דּוּבְדְּבָן (ז)
Süßkirsche (f)	gudgedan	גּוּדְגְּדָן (ז)
Melone (f)	melon	מֶלוֹן (ז)
Grapefruit (f)	eʃkolit	אֶשְׁכּוֹלִית (נ)
Avocado (f)	avo'kado	אֲבוֹקָדוֹ (ז)
Papaya (f)	pa'paya	פַּפָּאיָה (נ)
Mango (f)	'mango	מַנגּוֹ (ז)
Granatapfel (m)	rimon	רִימוֹן (ז)
rote Johannisbeere (f)	dumdemanit aduma	דּוּמְדְּמָנִית אֲדוּמָה (נ)
schwarze Johannisbeere (f)	dumdemanit ʃxora	דּוּמְדְּמָנִית שְׁחוֹרָה (נ)
Stachelbeere (f)	xazarzar	חֲזַרְזַר (ז)
Heidelbeere (f)	uxmanit	אוּכְמָנִית (נ)
Brombeere (f)	'petel ʃaxor	פֶּטֶל שָׁחוֹר (ז)
Rosinen (pl)	tsimukim	צִימּוּקִים (ז"ר)
Feige (f)	te'ena	תְּאֵנָה (נ)
Dattel (f)	tamar	תָּמָר (ז)
Erdnuss (f)	botnim	בּוֹטְנִים (ז"ר)
Mandel (f)	ʃaked	שָׁקֵד (ז)
Walnuss (f)	egoz 'melex	אֱגוֹז מֶלֶךְ (ז)
Haselnuss (f)	egoz ilsar	אֱגוֹז אִלְסָר (ז)
Kokosnuss (f)	'kokus	קוֹקוּס (ז)
Pistazien (pl)	'fistuk	פִּיסְטוּק (ז)

56. Brot. Süßigkeiten

Konditorwaren (pl)	muʦrei kondi'torya	מוּצְרֵי קוֹנְדִּיטוֹרְיָה (ז"ר)
Brot (n)	'lexem	לֶחֶם (ז)
Keks (m, n)	ugiya	עוּגִיָּה (נ)
Schokolade (f)	'ʃokolad	שׁוֹקוֹלָד (ז)
Schokoladen-	mi'ʃokolad	מְשׁוֹקוֹלָד

Bonbon (m, n)	sukariya	סוּכָּרְיָּה (נ)
Kuchen (m)	uga	עוּגָה (נ)
Torte (f)	uga	עוּגָה (נ)

| Kuchen (Apfel-) | pai | פַאי (ז) |
| Füllung (f) | milui | מִילּוּי (ז) |

Konfitüre (f)	riba	רִיבָּה (נ)
Marmelade (f)	marme'lada	מַרְמֶלָדָה (נ)
Waffeln (pl)	'vaflim	וָפְלִים (ז"ר)
Eis (n)	'glida	גְלִידָה (נ)
Pudding (m)	'puding	פּוּדִינג (ז)

57. Gewürze

Salz (n)	'melax	מֶלַח (ז)
salzig (Adj)	ma'luax	מָלוּחַ
salzen (vt)	leham'liax	לְהַמְלִיחַ

schwarzer Pfeffer (m)	'pilpel faxor	פִּלְפֵּל שָׁחוֹר (ז)
roter Pfeffer (m)	'pilpel adom	פִּלְפֵּל אָדוֹם (ז)
Senf (m)	xardal	חַרְדָל (ז)
Meerrettich (m)	xa'zeret	חֲזֶרֶת (נ)

Gewürz (n)	'rotev	רוֹטֶב (ז)
Gewürz (n)	tavlin	תַבְלִין (ז)
Soße (f)	'rotev	רוֹטֶב (ז)
Essig (m)	'xomets	חוֹמֶץ (ז)

Anis (m)	kamnon	כַּמְנוֹן (ז)
Basilikum (n)	rexan	רֵיחָן (ז)
Nelke (f)	tsi'poren	צִיפּוֹרֶן (ז)
Ingwer (m)	'dʒindʒer	ג'ינג'ר (ז)
Koriander (m)	'kusbara	כּוּסְבָּרָה (נ)
Zimt (m)	kinamon	קִינָמוֹן (ז)

Sesam (m)	'fumfum	שׁוּמְשׁוּם (ז)
Lorbeerblatt (n)	ale dafna	עֲלֵה דַפְנָה (ז)
Paprika (m)	'paprika	פַּפְּרִיקָה (נ)
Kümmel (m)	'kimel	קִימֶל (ז)
Safran (m)	ze'afran	זַעְפְרָן (ז)

PERSÖNLICHE INFORMATIONEN. FAMILIE

58. Persönliche Informationen. Formulare

Vorname (m)	ʃem	שֵׁם (ז)
Name (m)	ʃem miʃpaχa	שֵׁם מִשְׁפָּחָה (ז)
Geburtsdatum (n)	ta'ariχ leda	תַּאֲרִיך לֵידָה (ז)
Geburtsort (m)	mekom leda	מְקוֹם לֵידָה (ז)
Nationalität (f)	le'om	לְאוֹם (ז)
Wohnort (m)	mekom megurim	מְקוֹם מְגוּרִים (ז)
Land (n)	medina	מְדִינָה (נ)
Beruf (m)	mik'tso'a	מִקְצוֹעַ (ז)
Geschlecht (n)	min	מִין (ז)
Größe (f)	'gova	גּוֹבַה (ז)
Gewicht (n)	miʃkal	מִשְׁקָל (ז)

59. Familienmitglieder. Verwandte

Mutter (f)	em	אֵם (נ)
Vater (m)	av	אָב (ז)
Sohn (m)	ben	בֵּן (ז)
Tochter (f)	bat	בַּת (נ)
jüngste Tochter (f)	habat haktana	הַבַּת הַקְּטַנָּה (נ)
jüngste Sohn (m)	haben hakatan	הַבֵּן הַקָּטָן (ז)
ältere Tochter (f)	habat habχora	הַבַּת הַבְּכוֹרָה (נ)
älterer Sohn (m)	haben habχor	הַבֵּן הַבְּכוֹר (ז)
Bruder (m)	aχ	אָח (ז)
älterer Bruder (m)	aχ gadol	אָח גָּדוֹל (ז)
jüngerer Bruder (m)	aχ katan	אָח קָטָן (ז)
Schwester (f)	aχot	אָחוֹת (נ)
ältere Schwester (f)	aχot gdola	אָחוֹת גְּדוֹלָה (נ)
jüngere Schwester (f)	aχot ktana	אָחוֹת קְטַנָּה (נ)
Cousin (m)	ben dod	בֵּן דּוֹד (ז)
Cousine (f)	bat 'doda	בַּת דּוֹדָה (נ)
Mama (f)	'ima	אִמָּא (נ)
Papa (m)	'aba	אַבָּא (ז)
Eltern (pl)	horim	הוֹרִים (ז"ר)
Kind (n)	'yeled	יֶלֶד (ז)
Kinder (pl)	yeladim	יְלָדִים (ז"ר)
Großmutter (f)	'savta	סַבְתָּא (נ)
Großvater (m)	'saba	סַבָּא (ז)
Enkel (m)	'neχed	נֶכֶד (ז)

| Enkelin (f) | neχda | נֶכְדָּה (נ) |
| Enkelkinder (pl) | neχadim | נְכָדִים (ז"ר) |

Onkel (m)	dod	דּוֹד (ז)
Tante (f)	'doda	דּוֹדָה (נ)
Neffe (m)	aχyan	אַחְיָן (ז)
Nichte (f)	aχyanit	אַחְיָנִית (נ)

Schwiegermutter (f)	χamot	חָמוֹת (נ)
Schwiegervater (m)	χam	חָם (ז)
Schwiegersohn (m)	χatan	חָתָן (ז)
Stiefmutter (f)	em χoreget	אֵם חוֹרֶגֶת (נ)
Stiefvater (m)	av χoreg	אָב חוֹרֵג (ז)

Säugling (m)	tinok	תִּינוֹק (ז)
Kleinkind (n)	tinok	תִּינוֹק (ז)
Kleine (m)	pa'ot	פָּעוֹט (ז)

Frau (f)	iʃa	אִשָּׁה (נ)
Mann (m)	'ba'al	בַּעַל (ז)
Ehemann (m)	ben zug	בֶּן זוּג (ז)
Gemahlin (f)	bat zug	בַּת זוּג (נ)

verheiratet (Ehemann)	nasui	נָשׂוּי
verheiratet (Ehefrau)	nesu'a	נְשׂוּאָה
ledig	ravak	רַוָּק
Junggeselle (m)	ravak	רַוָּק (ז)
geschieden (Adj)	garuʃ	גָּרוּשׁ
Witwe (f)	almana	אַלְמָנָה (נ)
Witwer (m)	alman	אַלְמָן (ז)

Verwandte (m)	karov miʃpaχa	קָרוֹב מִשְׁפָּחָה (ז)
naher Verwandter (m)	karov miʃpaχa	קָרוֹב מִשְׁפָּחָה (ז)
entfernter Verwandter (m)	karov raχok	קָרוֹב רָחוֹק (ז)
Verwandte (pl)	krovei miʃpaχa	קְרוֹבֵי מִשְׁפָּחָה (ז"ר)

Waise (m, f)	yatom	יָתוֹם (ז)
Waisenjunge (m)	yatom	יָתוֹם (ז)
Waisenmädchen (f)	yetoma	יְתוֹמָה (נ)
Vormund (m)	apo'tropos	אַפּוֹטְרוֹפּוֹס (ז)
adoptieren (einen Jungen)	le'amets	לְאַמֵּץ
adoptieren (ein Mädchen)	le'amets	לְאַמֵּץ

60. Freunde. Arbeitskollegen

Freund (m)	χaver	חָבֵר (ז)
Freundin (f)	χavera	חֲבֵרָה (נ)
Freundschaft (f)	yedidut	יְדִידוּת (נ)
befreundet sein	lihyot yadidim	לִהְיוֹת יָדִידִים

Freund (m)	χaver	חָבֵר (ז)
Freundin (f)	χavera	חֲבֵרָה (נ)
Partner (m)	ʃutaf	שׁוּתָף (ז)
Chef (m)	menahel, roʃ	מְנַהֵל (ז), רֹאשׁ (ז)

Vorgesetzte (m)	memune	מְמוּנֶה (ז)
Besitzer (m)	be'alim	בְּעָלִים (ז)
Untergeordnete (m)	kafuf le	כָּפוּף ל (ז)
Kollege (m), Kollegin (f)	amit	עָמִית (ז)

Bekannte (m)	makar	מַכָּר (ז)
Reisegefährte (m)	ben levaya	בֶּן לְוָיָה (ז)
Mitschüler (m)	xaver lekita	חָבֵר לְכִּיתָה (ז)

Nachbar (m)	ʃaxen	שָׁכֵן (ז)
Nachbarin (f)	ʃxena	שְׁכֵנָה (נ)
Nachbarn (pl)	ʃxenim	שְׁכֵנִים (ז"ר)

MENSCHLICHER KÖRPER. MEDIZIN

61. Kopf

Kopf (m)	roʃ	רֹאשׁ (ז)
Gesicht (n)	panim	פָּנִים (ז"ר)
Nase (f)	af	אַף (ז)
Mund (m)	pe	פֶּה (ז)

Auge (n)	'ayin	עַיִן (נ)
Augen (pl)	ei'nayim	עֵינַיִים (נ"ר)
Pupille (f)	iʃon	אִישׁוֹן (ז)
Augenbraue (f)	gaba	גַּבָּה (נ)
Wimper (f)	ris	רִיס (ז)
Augenlid (n)	af'af	עַפְעַף (ז)

Zunge (f)	laʃon	לָשׁוֹן (נ)
Zahn (m)	ʃen	שֵׁן (נ)
Lippen (pl)	sfa'tayim	שְׂפָתַיִים (נ"ר)
Backenknochen (pl)	atsamot leχa'yayim	עַצְמוֹת לְחָיַיִם (נ"ר)
Zahnfleisch (n)	χani'χayim	חֲנִיכַיִים (ז"ר)
Gaumen (m)	χeχ	חֵךְ (ז)

Nasenlöcher (pl)	neχi'rayim	נְחִירַיִים (ז"ר)
Kinn (n)	santer	סַנְטֵר (ז)
Kiefer (m)	'leset	לָסֶת (נ)
Wange (f)	'leχi	לְחִי (נ)

Stirn (f)	'metsaχ	מֵצַח (ז)
Schläfe (f)	raka	רַקָּה (נ)
Ohr (n)	'ozen	אוֹזֶן (נ)
Nacken (m)	'oref	עוֹרֶף (ז)
Hals (m)	tsavar	צַוָּאר (ז)
Kehle (f)	garon	גָּרוֹן (ז)

Haare (pl)	se'ar	שֵׂיעָר (ז)
Frisur (f)	tis'roket	תִּסְרוֹקֶת (נ)
Haarschnitt (m)	tis'poret	תִּסְפּוֹרֶת (נ)
Perücke (f)	pe'a	פֵּאָה (נ)

Schnurrbart (m)	safam	שָׂפָם (ז)
Bart (m)	zakan	זָקָן (ז)
haben (einen Bart ~)	legadel	לְגַדֵּל
Zopf (m)	tsama	צַמָּה (נ)
Backenbart (m)	pe'ot leχa'yayim	פֵּאוֹת לְחָיַיִם (נ"ר)

rothaarig	'dʒindʒi	ג'ינג'י
grau	kasuf	כָּסוּף
kahl	ke'reaχ	קֵירֵחַ
Glatze (f)	ka'raχat	קָרַחַת (נ)

| Pferdeschwanz (m) | 'kuku | קוּקוּ (ז) |
| Pony (Ponyfrisur) | 'poni | פּוֹנִי (ז) |

62. Menschlicher Körper

| Hand (f) | kaf yad | כַּף יָד (נ) |
| Arm (m) | yad | יָד (נ) |

Finger (m)	'etsba	אֶצְבַּע (נ)
Zehe (f)	'bohen	בּוֹהֶן (נ)
Daumen (m)	agudal	אֲגוּדָל (ז)
kleiner Finger (m)	'zeret	זֶרֶת (נ)
Nagel (m)	tsi'poren	צִיפּוֹרֶן (ז)

Faust (f)	egrof	אֶגְרוֹף (ז)
Handfläche (f)	kaf yad	כַּף יָד (נ)
Handgelenk (n)	ʃoreʃ kaf hayad	שׁוֹרֶשׁ כַּף הַיָד (ז)
Unterarm (m)	ama	אַמָה (נ)
Ellbogen (m)	marpek	מַרְפֵּק (ז)
Schulter (f)	katef	כָּתֵף (נ)

Bein (n)	'regel	רֶגֶל (נ)
Fuß (m)	kaf 'regel	כַּף רֶגֶל (נ)
Knie (n)	'berex	בֶּרֶךְ (נ)
Wade (f)	ʃok	שׁוֹק (נ)
Hüfte (f)	yarex	יָרֵךְ (ז)
Ferse (f)	akev	עָקֵב (ז)

Körper (m)	guf	גוּף (ז)
Bauch (m)	'beten	בֶּטֶן (נ)
Brust (f)	xaze	חָזֶה (ז)
Busen (m)	ʃad	שַׁד (ז)
Seite (f), Flanke (f)	tsad	צַד (ז)
Rücken (m)	gav	גַב (ז)
Kreuz (n)	mot'nayim	מוֹתְנַיִים (ז"ר)
Taille (f)	'talya	טַלְיָה (נ)

Nabel (m)	tabur	טַבּוּר (ז)
Gesäßbacken (pl)	axo'rayim	אֲחוֹרַיִים (ז"ר)
Hinterteil (n)	yaʃvan	יַשְׁבָן (ז)

Leberfleck (m)	nekudat xen	נְקוּדַת חֵן (נ)
Muttermal (n)	'ketem leida	כֶּתֶם לֵידָה (ז)
Tätowierung (f)	ka'a'ku'a	קַעֲקוּעַ (ז)
Narbe (f)	tsa'leket	צַלֶקֶת (נ)

63. Krankheiten

Krankheit (f)	maxala	מַחֲלָה (נ)
krank sein	lihyot xole	לִהְיוֹת חוֹלֶה
Gesundheit (f)	bri'ut	בְּרִיאוּת (נ)
Schnupfen (m)	na'zelet	נַזֶלֶת (נ)

Angina (f)	da'leket ʃkedim	דַּלֶּקֶת שְׁקֵדִים (נ)
Erkältung (f)	hitstanenut	הִצְטַנְּנוּת (נ)
sich erkälten	lehitstanen	לְהִצְטַנֵּן

Bronchitis (f)	bron'χitis	בְּרוֹנְכִיטִיס (ז)
Lungenentzündung (f)	da'leket re'ot	דַּלֶּקֶת רֵיאוֹת (נ)
Grippe (f)	ʃa'pa'at	שַׁפַּעַת (נ)

kurzsichtig	ktsar re'iya	קְצַר רְאִיָּה
weitsichtig	reχok re'iya	רְחוֹק־רְאִיָּה
Schielen (n)	pzila	פְּזִילָה (נ)
schielend (Adj)	pozel	פּוֹזֵל
grauer Star (m)	katarakt	קָטָרַקְט (ז)
Glaukom (n)	gla'u'koma	גְּלָאוּקוֹמָה (נ)

Schlaganfall (m)	ʃavats moχi	שָׁבָץ מוֹחִי (ז)
Infarkt (m)	hetkef lev	הֶתְקֵף לֵב (ז)
Herzinfarkt (m)	'otem ʃrir halev	אוֹטֶם שְׁרִיר הַלֵּב (ז)
Lähmung (f)	ʃituk	שִׁיתוּק (ז)
lähmen (vt)	leʃatek	לְשַׁתֵּק

Allergie (f)	a'lergya	אָלֶרְגְיָה (נ)
Asthma (n)	'astma, ka'tseret	אַסְתְּמָה, קַצֶּרֶת (נ)
Diabetes (m)	su'keret	סֻכֶּרֶת (נ)

| Zahnschmerz (m) | ke'ev ʃi'nayim | כְּאֵב שִׁינַּיִים (ז) |
| Karies (f) | a'ʃeʃet | עַשֶּׁשֶׁת (נ) |

Durchfall (m)	ʃilʃul	שִׁלְשׁוּל (ז)
Verstopfung (f)	atsirut	עֲצִירוּת (נ)
Magenverstimmung (f)	kilkul keiva	קִלְקוּל קֵיבָה (ז)
Vergiftung (f)	har'alat mazon	הַרְעָלַת מָזוֹן (נ)
Vergiftung bekommen	laχatof har'alat mazon	לַחֲטוֹף הַרְעָלַת מָזוֹן

Arthritis (f)	da'leket mifrakim	דַּלֶּקֶת מִפְרָקִים (נ)
Rachitis (f)	ra'keχet	רַכֶּכֶת (נ)
Rheumatismus (m)	ʃigaron	שִׁיגָּרוֹן (ז)
Atherosklerose (f)	ar'teryo skle'rosis	אַרְטֶרְיוֹ־סְקְלֶרוֹסִיס (ז)

Gastritis (f)	da'leket keiva	דַּלֶּקֶת קֵיבָה (נ)
Blinddarmentzündung (f)	da'leket toseftan	דַּלֶּקֶת תּוֹסֶפְתָּן (נ)
Cholezystitis (f)	da'leket kis hamara	דַּלֶּקֶת כִּיס הַמָּרָה (נ)
Geschwür (n)	'ulkus, kiv	אוּלְקוּס, כִּיב (ז)

Masern (pl)	χa'tsevet	חַצֶּבֶת (נ)
Röteln (pl)	a'demet	אַדֶּמֶת (נ)
Gelbsucht (f)	tsa'hevet	צַהֶבֶת (נ)
Hepatitis (f)	da'leket kaved	דַּלֶּקֶת כָּבֵד (נ)

Schizophrenie (f)	sχizo'frenya	סְכִיזוֹפְרֶנְיָה (נ)
Tollwut (f)	ka'levet	כַּלֶּבֶת (נ)
Neurose (f)	noi'roza	נוֹירוֹזָה (נ)
Gehirnerschütterung (f)	za'a'zu'a 'moaχ	זַעֲזוּעַ מוֹחַ (ז)

| Krebs (m) | sartan | סַרְטָן (ז) |
| Sklerose (f) | ta'refet | טָרֶשֶׁת (נ) |

multiple Sklerose (f)	ta'reʃet nefotsa	טָרֶשֶׁת נְפוֹצָה (נ)
Alkoholismus (m)	alkoholizm	אַלְכּוֹהוֹלִיזם (ז)
Alkoholiker (m)	alkoholist	אַלְכּוֹהוֹלִיסט (ז)
Syphilis (f)	a'gevet	עַגֶּבֶת (נ)
AIDS	eids	אֵיידְס (ז)

Tumor (m)	gidul	גִידוּל (ז)
bösartig	mam'ir	מַמְאִיר
gutartig	ʃapir	שָׁפִיר

Fieber (n)	ka'daχat	קַדַּחַת (נ)
Malaria (f)	ma'larya	מָלַרְיָה (נ)
Gangrän (f, n)	gan'grena	גַנְגְרֶנָה (נ)
Seekrankheit (f)	maχalat yam	מַחֲלַת יָם (נ)
Epilepsie (f)	maχalat hanefila	מַחֲלַת הַנְּפִילָה (נ)

Epidemie (f)	magefa	מַגֵּיפָה (נ)
Typhus (m)	'tifus	טִיפוּס (ז)
Tuberkulose (f)	ʃa'χefet	שַׁחֶפֶת (נ)
Cholera (f)	ko'lera	כּוֹלֵרָה (נ)
Pest (f)	davar	דֶּבֶר (ז)

64. Symptome. Behandlungen. Teil 1

Symptom (n)	simptom	סִימְפְּטוֹם (ז)
Temperatur (f)	χom	חוֹם (ז)
Fieber (n)	χom ga'voha	חוֹם גָּבוֹהַּ (ז)
Puls (m)	'dofek	דּוֹפֶק (ז)

Schwindel (m)	sχar'χoret	סְחַרְחוֹרֶת (נ)
heiß (Stirne usw.)	χam	חַם
Schüttelfrost (m)	tsmar'moret	צְמַרְמוֹרֶת (נ)
blass (z.B. -es Gesicht)	χiver	חִיוֵּר

Husten (m)	ʃi'ul	שִׁיעוּל (ז)
husten (vi)	lehiʃta'el	לְהִשְׁתַּעֵל
niesen (vi)	lehit'ateʃ	לְהִתְעַטֵּשׁ
Ohnmacht (f)	ilafon	עִילָּפוֹן (ז)
ohnmächtig werden	lehit'alef	לְהִתְעַלֵּף

blauer Fleck (m)	χabura	חַבּוּרָה (נ)
Beule (f)	blita	בְּלִיטָה (נ)
sich stoßen	lekabel maka	לְקַבֵּל מַכָּה
Prellung (f)	maka	מַכָּה (נ)
sich stoßen	lekabel maka	לְקַבֵּל מַכָּה

hinken (vi)	lits'lo'a	לִצְלוֹעַ
Verrenkung (f)	'neka	נֶקַע (ז)
ausrenken (vt)	lin'ko'a	לִנְקוֹעַ
Fraktur (f)	'ʃever	שֶׁבֶר (ז)
brechen (Arm usw.)	liʃbor	לִשְׁבּוֹר

| Schnittwunde (f) | χataχ | חָתָךְ (ז) |
| sich schneiden | lehiχateχ | לְהֵיחָתֵךְ |

Blutung (f)	dimum	דִּימוּם (ז)
Verbrennung (f)	kviya	כְּווִיָּה (נ)
sich verbrennen	laχatof kviya	לַחֲטוֹף כְּווִיָּה

stechen (vt)	lidkor	לִדְקוֹר
sich stechen	lehidaker	לְהִידָּקֵר
verletzen (vt)	lif'tso'a	לִפְצוֹעַ
Verletzung (f)	ptsi'a	פְּצִיעָה (נ)
Wunde (f)	'petsa	פֶּצַע (ז)
Trauma (n)	'tra'uma	טְרָאוּמָה (נ)

irrereden (vi)	lahazot	לַהֲזוֹת
stottern (vi)	legamgem	לְגַמְגֵם
Sonnenstich (m)	makat 'ʃemeʃ	מַכַּת שֶׁמֶשׁ (נ)

65. Symptome. Behandlungen. Teil 2

| Schmerz (m) | ke'ev | כְּאֵב (ז) |
| Splitter (m) | kots | קוֹץ (ז) |

Schweiß (m)	ze'a	זֵיעָה (נ)
schwitzen (vi)	leha'zi'a	לְהַזִיעַ
Erbrechen (n)	haka'a	הֲקָאָה (נ)
Krämpfe (pl)	pirkusim	פִּירְכּוּסִים (ז"ר)

schwanger	hara	הָרָה
geboren sein	lehivaled	לְהִיוָּלֵד
Geburt (f)	leda	לֵידָה (נ)
gebären (vt)	la'ledet	לָלֶדֶת
Abtreibung (f)	hapala	הַפָּלָה (נ)

Atem (m)	neʃima	נְשִׁימָה (נ)
Atemzug (m)	ʃe'ifa	שְׁאִיפָה (נ)
Ausatmung (f)	neʃifa	נְשִׁיפָה (נ)
ausatmen (vt)	linʃof	לִנְשׁוֹף
einatmen (vt)	liʃ'of	לִשְׁאוֹף

Invalide (m)	naχe	נָכֶה (ז)
Krüppel (m)	naχe	נָכֶה (ז)
Drogenabhängiger (m)	narkoman	נַרְקוֹמָן (ז)

taub	χereʃ	חֵירֵשׁ
stumm	ilem	אִילֵם
taubstumm	χereʃ-ilem	חֵירֵשׁ-אִילֵם

verrückt (Adj)	meʃuga	מְשׁוּגָע
Irre (m)	meʃuga	מְשׁוּגָע (ז)
Irre (f)	meʃu'ga'at	מְשׁוּגַעַת (נ)
den Verstand verlieren	lehiʃta'ge'a	לְהִשְׁתַּגֵעַ

Gen (n)	gen	גֵן (ז)
Immunität (f)	χasinut	חֲסִינוּת (נ)
erblich	toraʃti	תּוֹרַשְׁתִּי
angeboren	mulad	מוּלָד

Virus (m, n)	'virus	וִירוּס (ז)
Mikrobe (f)	χaidak	חַיְידָּק (ז)
Bakterie (f)	bak'terya	בַּקְטֶרְיָה (נ)
Infektion (f)	zihum	זִיהוּם (ז)

66. Symptome. Behandlungen. Teil 3

Krankenhaus (n)	beit χolim	בֵּית חוֹלִים (ז)
Patient (m)	metupal	מְטוּפָּל (ז)
Diagnose (f)	avχana	אַבְחָנָה (נ)
Heilung (f)	ripui	רִיפּוּי (ז)
Behandlung (f)	tipul refu'i	טִיפּוּל רְפוּאִי (ז)
Behandlung bekommen	lekabel tipul	לְקַבֵּל טִיפּוּל
behandeln (vt)	letapel be...	לְטַפֵּל בְּ...
pflegen (Kranke)	letapel be...	לְטַפֵּל בְּ...
Pflege (f)	tipul	טִיפּוּל (ז)
Operation (f)	ni'tuaχ	נִיתוּח (ז)
verbinden (vt)	laχboʃ	לַחְבּוֹשׁ
Verband (m)	χaviʃa	חֲבִישָׁה (נ)
Impfung (f)	χisun	חִיסּוּן (ז)
impfen (vt)	leχasen	לְחַסֵּן
Spritze (f)	zrika	זְרִיקָה (נ)
eine Spritze geben	lehazrik	לְהַזְרִיק
Anfall (m)	hetkef	הֶתְקֵף (ז)
Amputation (f)	kti'a	קְטִיעָה (נ)
amputieren (vt)	lik'to'a	לִקְטוֹעַ
Koma (n)	tar'demet	תַּרְדֶּמֶת (נ)
im Koma liegen	lihyot betar'demet	לִהְיוֹת בְּתַרְדֶּמֶת
Reanimation (f)	tipul nimrats	טִיפּוּל נִמְרָץ (ז)
genesen von ... (vi)	lehaχlim	לְהַחְלִים
Zustand (m)	matsav	מַצָּב (ז)
Bewusstsein (n)	hakara	הַכָּרָה (נ)
Gedächtnis (n)	zikaron	זִיכָּרוֹן (ז)
ziehen (einen Zahn ~)	la'akor	לַעֲקוֹר
Plombe (f)	stima	סְתִימָה (נ)
plombieren (vt)	la'asot stima	לַעֲשׂוֹת סְתִימָה
Hypnose (f)	hip'noza	הִיפְּנוֹזָה (נ)
hypnotisieren (vt)	lehapnet	לְהַפְנֵט

67. Medizin. Medikamente. Accessoires

Arznei (f)	trufa	תְּרוּפָה (נ)
Heilmittel (n)	trufa	תְּרוּפָה (נ)
verschreiben (vt)	lirʃom	לִרְשׁוֹם
Rezept (n)	mirʃam	מִרְשָׁם (ז)

Tablette (f)	kadur	כַּדוּר (ז)
Salbe (f)	miʃxa	מִשְׁחָה (נ)
Ampulle (f)	'ampula	אַמְפּוּלָה (נ)
Mixtur (f)	ta'a'rovet	תַּעֲרֹבֶת (נ)
Sirup (m)	sirop	סִירוֹף (ז)
Pille (f)	gluya	גְּלוּיָה (נ)
Pulver (n)	avka	אַבְקָה (נ)

Verband (m)	tax'boʃet 'gaza	תַּחְבּוֹשֶׁת גָּאזָה (ז)
Watte (f)	'tsemer 'gefen	צֶמֶר גֶּפֶן (ז)
Jod (n)	yod	יוֹד (ז)

Pflaster (n)	'plaster	פְּלַסְטֶר (ז)
Pipette (f)	taf'tefet	טַפְטֶפֶת (נ)
Thermometer (n)	madxom	מַדְחוֹם (ז)
Spritze (f)	mazrek	מַזְרֵק (ז)

| Rollstuhl (m) | kise galgalim | כִּיסֵא גַּלְגַּלִים (ז) |
| Krücken (pl) | ka'bayim | קַבַּיִם (ז"ר) |

Betäubungsmittel (n)	meʃakex ke'evim	מְשַׁכֵּךְ כְּאֵבִים (ז)
Abführmittel (n)	trufa meʃal'ʃelet	תְּרוּפָה מְשַׁלְשֶׁלֶת (נ)
Spiritus (m)	'kohal	כֹּהַל (ז)
Heilkraut (n)	isvei marpe	עִשְׂבֵי מַרְפֵּא (ז"ר)
Kräuter- (z.B. Kräutertee)	ʃel asavim	שֶׁל עֲשָׂבִים

WOHNUNG

68. Wohnung

Wohnung (f)	dira	דִּירָה (נ)
Zimmer (n)	'xeder	חֶדֶר (ז)
Schlafzimmer (n)	xadar ʃena	חֲדַר שֵׁינָה (ז)
Esszimmer (n)	pinat 'oxel	פִּינַת אוֹכֶל (נ)
Wohnzimmer (n)	salon	סָלוֹן (ז)
Arbeitszimmer (n)	xadar avoda	חֲדַר עֲבוֹדָה (ז)

Vorzimmer (n)	prozdor	פְּרוֹזְדּוֹר (ז)
Badezimmer (n)	xadar am'batya	חֲדַר אַמְבַּטְיָה (ז)
Toilette (f)	ʃerutim	שֵׁירוּתִים (ז"ר)

Decke (f)	tikra	תִּקְרָה (נ)
Fußboden (m)	ritspa	רִצְפָּה (נ)
Ecke (f)	pina	פִּינָה (נ)

69. Möbel. Innenausstattung

Möbel (n)	rehitim	רָהִיטִים (ז"ר)
Tisch (m)	ʃulxan	שׁוּלְחָן (ז)
Stuhl (m)	kise	כִּסֵּא (ז)
Bett (n)	mita	מִיטָה (נ)
Sofa (n)	sapa	סַפָּה (נ)
Sessel (m)	kursa	כּוּרְסָה (נ)

Bücherschrank (m)	aron sfarim	אֲרוֹן סְפָרִים (ז)
Regal (n)	madaf	מַדָּף (ז)

Schrank (m)	aron bgadim	אֲרוֹן בְּגָדִים (ז)
Hakenleiste (f)	mitle	מִתְלֶה (ז)
Kleiderständer (m)	mitle	מִתְלֶה (ז)

Kommode (f)	ʃida	שִׁידָה (נ)
Couchtisch (m)	ʃulxan itonim	שׁוּלְחַן עִיתּוֹנִים (ז)

Spiegel (m)	mar'a	מַרְאָה (נ)
Teppich (m)	ʃa'tiax	שָׁטִיחַ (ז)
Matte (kleiner Teppich)	ʃa'tiax	שָׁטִיחַ (ז)

Kamin (m)	ax	אָח (נ)
Kerze (f)	ner	נֵר (ז)
Kerzenleuchter (m)	pamot	פָּמוֹט (ז)

Vorhänge (pl)	vilonot	וִילוֹנוֹת (ז"ר)
Tapete (f)	tapet	טַפֶּט (ז)

Jalousie (f)	trisim	תְּרִיסִים (ז״ר)
Tischlampe (f)	menorat ʃulχan	מְנוֹרַת שׁוּלחָן (נ)
Leuchte (f)	menorat kir	מְנוֹרַת קִיר (נ)
Stehlampe (f)	menora o'medet	מְנוֹרָה עוֹמֶדֶת (נ)
Kronleuchter (m)	niv'reʃet	נִברֶשֶׁת (נ)

Bein (Tischbein usw.)	'regel	רֶגֶל (נ)
Armlehne (f)	miʃ"enet yad	מִשׁעֶנֶת יָד (נ)
Lehne (f)	miʃ"enet	מִשׁעֶנֶת (נ)
Schublade (f)	megera	מְגִירָה (נ)

70. Bettwäsche

Bettwäsche (f)	matsa'im	מַצָעִים (ז״ר)
Kissen (n)	karit	כָּרִית (נ)
Kissenbezug (m)	tsipit	צִיפִּית (נ)
Bettdecke (f)	smiχa	שׂמִיכָה (נ)
Laken (n)	sadin	סָדִין (ז)
Tagesdecke (f)	kisui mita	כִּיסוּי מִיטָה (ז)

71. Küche

Küche (f)	mítbaχ	מִטבָּח (ז)
Gas (n)	gaz	גָז (ז)
Gasherd (m)	tanur gaz	תַּנוּר גָז (ז)
Elektroherd (m)	tanur χaʃmali	תַּנוּר חַשׁמַלִי (ז)
Backofen (m)	tanur afiya	תַּנוּר אֲפִיָה (ז)
Mikrowellenherd (m)	mikrogal	מִיקרוֹגַל (ז)

Kühlschrank (m)	mekarer	מְקָרֵר (ז)
Tiefkühltruhe (f)	makpi	מַקפִּיא (ז)
Geschirrspülmaschine (f)	me'diaχ kelim	מֵדִיחַ כֵּלִים (ז)

Fleischwolf (m)	matχenat basar	מַטחֲנַת בָּשָׂר (נ)
Saftpresse (f)	masχeta	מַסחֵטָה (נ)
Toaster (m)	'toster	טוֹסטֶר (ז)
Mixer (m)	'mikser	מִיקסֶר (ז)

Kaffeemaschine (f)	meχonat kafe	מְכוֹנַת קָפֶה (נ)
Kaffeekanne (f)	findʒan	פִינגָ'אן (ז)
Kaffeemühle (f)	matχenat kafe	מַטחֲנַת קָפֶה (נ)

Wasserkessel (m)	kumkum	קוּמקוּם (ז)
Teekanne (f)	kumkum	קוּמקוּם (ז)
Deckel (m)	miχse	מִכסֶה (ז)
Teesieb (n)	mis'nenet te	מְסַנֶנֶת תֶה (נ)

Löffel (m)	kaf	כַּף (נ)
Teelöffel (m)	kapit	כַּפִּית (נ)
Esslöffel (m)	kaf	כַּף (נ)
Gabel (f)	mazleg	מַזלֵג (ז)
Messer (n)	sakin	סַכִּין (ז, נ)

Geschirr (n)	kelim	כֵּלִים (ז״ר)
Teller (m)	tsa'laχat	צַלַּחַת (נ)
Untertasse (f)	taχtit	תַּחְתִּית (נ)

Schnapsglas (n)	kosit	כּוֹסִית (נ)
Glas (n)	kos	כּוֹס (נ)
Tasse (f)	'sefel	סֵפֶל (ז)

Zuckerdose (f)	mis'keret	מִסְכֶּרֶת (נ)
Salzstreuer (m)	milχiya	מִלְחִיָּה (נ)
Pfefferstreuer (m)	pilpeliya	פִּלְפְּלִיָּה (נ)
Butterdose (f)	maχame'a	מַחְמָאָה (נ)

Kochtopf (m)	sir	סִיר (ז)
Pfanne (f)	maχvat	מַחְבַת (נ)
Schöpflöffel (m)	tarvad	תַּרְוָד (ז)
Durchschlag (m)	mis'nenet	מְסַנֶּנֶת (נ)
Tablett (n)	magaʃ	מַגָּשׁ (ז)

Flasche (f)	bakbuk	בַּקְבּוּק (ז)
Glas (Einmachglas)	tsin'tsenet	צִנְצֶנֶת (נ)
Dose (f)	paχit	פַּחִית (נ)

Flaschenöffner (m)	potχan bakbukim	פּוֹתְחָן בַּקְבּוּקִים (ז)
Dosenöffner (m)	potχan kufsa'ot	פּוֹתְחָן קוּפְסָאוֹת (ז)
Korkenzieher (m)	maχlets	מַחְלֵץ (ז)
Filter (n)	'filter	פִילְטֶר (ז)
filtern (vt)	lesanen	לְסַנֵּן

| Müll (m) | 'zevel | זֶבֶל (ז) |
| Mülleimer, Treteimer (m) | paχ 'zevel | פַּח זֶבֶל (ז) |

72. Bad

Badezimmer (n)	χadar am'batya	חֲדַר אַמְבַּטְיָה (ז)
Wasser (n)	'mayim	מַיִם (ז״ר)
Wasserhahn (m)	'berez	בֶּרֶז (ז)
Warmwasser (n)	'mayim χamim	מַיִם חַמִּים (ז״ר)
Kaltwasser (n)	'mayim karim	מַיִם קָרִים (ז״ר)

Zahnpasta (f)	miʃχat ʃi'nayim	מִשְׁחַת שִׁנַּיִים (נ)
Zähne putzen	letsaχ'tseaχ ʃi'nayim	לְצַחְצֵחַ שִׁנַּיִים
Zahnbürste (f)	miv'reʃet ʃi'nayim	מִבְרֶשֶׁת שִׁנַּיִים (נ)

sich rasieren	lehitga'leaχ	לְהִתְגַּלֵּחַ
Rasierschaum (m)	'ketsef gi'luaχ	קֶצֶף גִּילּוּחַ (ז)
Rasierer (m)	'ta'ar	תַּעַר (ז)

waschen (vt)	liʃtof	לִשְׁטוֹף
sich waschen	lehitraχets	לְהִתְרַחֵץ
Dusche (f)	mik'laχat	מִקְלַחַת (נ)
sich duschen	lehitka'leaχ	לְהִתְקַלֵּחַ
Badewanne (f)	am'batya	אַמְבַּטְיָה (נ)
Klosettbecken (n)	asla	אַסְלָה (נ)

Waschbecken (n)	kiyor	כִּיּוֹר (ז)
Seife (f)	sabon	סַבּוֹן (ז)
Seifenschale (f)	saboniya	סַבּוֹנִיָּה (נ)

Schwamm (m)	sfog 'lifa	סְפוֹג לִיפָה (ז)
Shampoo (n)	ʃampu	שַׁמְפּוּ (ז)
Handtuch (n)	ma'gevet	מַגֶּבֶת (נ)
Bademantel (m)	χaluk raχatsa	חָלוּק רַחְצָה (ז)

Wäsche (f)	kvisa	כְּבִיסָה (נ)
Waschmaschine (f)	meχonat kvisa	מְכוֹנַת כְּבִיסָה (נ)
waschen (vt)	leχabes	לְכַבֵּס
Waschpulver (n)	avkat kvisa	אַבְקַת כְּבִיסָה (נ)

73. Haushaltsgeräte

Fernseher (m)	tele'vizya	טֶלֶוִויזְיָה (נ)
Tonbandgerät (n)	teip	טֵייפּ (ז)
Videorekorder (m)	maχʃir 'vide'o	מַכְשִׁיר וִידֵאוֹ (ז)
Empfänger (m)	'radyo	רַדְיוֹ (ז)
Player (m)	nagan	נַגָּן (ז)

Videoprojektor (m)	makren	מַקְרֵן (ז)
Heimkino (n)	kol'no'a beiti	קוֹלְנוֹעַ בֵּיתִי (ז)
DVD-Player (m)	nagan dividi	נַגָּן DVD (ז)
Verstärker (m)	magber	מַגְבֵּר (ז)
Spielkonsole (f)	maχʃir plei'steiʃen	מַכְשִׁיר פְּלַייסְטֵיישֶׁן (ז)

Videokamera (f)	matslemat 'vide'o	מַצְלֵמַת וִידֵאוֹ (נ)
Kamera (f)	matslema	מַצְלֵמָה (נ)
Digitalkamera (f)	matslema digi'talit	מַצְלֵמָה דִּיגִיטָלִית (נ)

Staubsauger (m)	ʃo'ev avak	שׁוֹאֵב אָבָק (ז)
Bügeleisen (n)	maghets	מַגְהֵץ (ז)
Bügelbrett (n)	'kereʃ gihuts	קֶרֶשׁ גִּיהוּץ (ז)

Telefon (n)	'telefon	טֶלֶפוֹן (ז)
Mobiltelefon (n)	'telefon nayad	טֶלֶפוֹן נַיָּד (ז)
Schreibmaschine (f)	meχonat ktiva	מְכוֹנַת כְּתִיבָה (נ)
Nähmaschine (f)	meχonat tfira	מְכוֹנַת תְּפִירָה (נ)

Mikrophon (n)	mikrofon	מִיקְרוֹפוֹן (ז)
Kopfhörer (m)	ozniyot	אוֹזְנִיּוֹת (נ"ר)
Fernbedienung (f)	'ʃelet	שֶׁלֶט (ז)

CD (f)	taklitor	תַּקְלִיטוֹר (ז)
Kassette (f)	ka'letet	קַלֶּטֶת (נ)
Schallplatte (f)	taklit	תַּקְלִיט (ז)

DIE ERDE. WETTER

74. Weltall

Kosmos (m)	χalal	חָלָל (ז)
kosmisch, Raum-	ʃel χalal	שֶׁל חָלָל
Weltraum (m)	χalal χitson	חָלָל חִיצוֹן (ז)
All (n)	olam	עוֹלָם (ז)
Universum (n)	yekum	יְקוּם (ז)
Galaxie (f)	ga'laksya	גָּלַקְסְיָה (נ)

Stern (m)	koχav	כּוֹכָב (ז)
Gestirn (n)	tsvir koχavim	צְבִיר כּוֹכָבִים (ז)
Planet (m)	koχav 'leχet	כּוֹכָב לֶכֶת (ז)
Satellit (m)	lavyan	לַוְיָן (ז)

Meteorit (m)	mete'orit	מֶטֵאוֹרִיט (ז)
Komet (m)	koχav ʃavit	כּוֹכָב שָׁבִיט (ז)
Asteroid (m)	aste'ro'id	אַסְטֵרוֹאִיד (ז)

Umlaufbahn (f)	maslul	מַסְלוּל (ז)
sich drehen	lesovev	לִסוֹבֵב
Atmosphäre (f)	atmos'fera	אַטמוֹסְפֵרָה (נ)

Sonne (f)	'ʃemeʃ	שֶׁמֶשׁ (נ)
Sonnensystem (n)	ma'a'reχet ha'ʃemeʃ	מַעֲרֶכֶת הַשֶּׁמֶשׁ (נ)
Sonnenfinsternis (f)	likui χama	לִיקוּי חַמָה (ז)

Erde (f)	kadur ha''arets	כַּדוּר הָאָרֶץ (ז)
Mond (m)	ya'reaχ	יָרֵחַ (ז)

Mars (m)	ma'adim	מַאֲדִים (ז)
Venus (f)	'noga	נוֹגַה (ז)
Jupiter (m)	'tsedek	צֶדֶק (ז)
Saturn (m)	ʃabtai	שַׁבְּתַאי (ז)

Merkur (m)	koχav χama	כּוֹכָב חַמָה (ז)
Uran (m)	u'ranus	אוּרָנוּס (ז)
Neptun (m)	neptun	נֶפְּטוּן (ז)
Pluto (m)	'pluto	פְּלוּטוֹ (ז)

Milchstraße (f)	ʃvil haχalav	שְׁבִיל הֶחָלָב (ז)
Der Große Bär	duba gdola	דוּבָּה גְדוֹלָה (נ)
Polarstern (m)	koχav hatsafon	כּוֹכָב הַצָּפוֹן (ז)

Marsbewohner (m)	toʃav ma'adim	תוֹשַׁב מַאֲדִים (ז)
Außerirdischer (m)	χutsan	חוּצָן (ז)
außerirdisches Wesen (n)	χaizar	חַיזָר (ז)
fliegende Untertasse (f)	tsa'laχat me'o'fefet	צַלַחַת מְעוֹפֶפֶת (נ)
Raumschiff (n)	χalalit	חֲלָלִית (נ)

Raumstation (f)	taχanat χalal	תַחֲנַת חָלָל (נ)
Raketenstart (m)	hamra'a	הַמְרָאָה (נ)
Triebwerk (n)	ma'no'a	מָנוֹעַ (ז)
Düse (f)	neχir	נְחִיר (ז)
Treibstoff (m)	'delek	דֶלֶק (ז)

Kabine (f)	'kokpit	קוֹקְפִּיט (ז)
Antenne (f)	an'tena	אַנְטֶנָה (נ)
Bullauge (n)	eʃnav	אֶשְׁנָב (ז)
Sonnenbatterie (f)	'luaχ so'lari	לוּחַ סוֹלָרִי (ז)
Raumanzug (m)	χalifat χalal	חֲלִיפַת חָלָל (נ)

Schwerelosigkeit (f)	'χoser miʃkal	חוֹסֶר מִשְׁקָל (ז)
Sauerstoff (m)	χamtsan	חַמְצָן (ז)
Ankopplung (f)	agina	עֲגִינָה (נ)
koppeln (vi)	la'agon	לַעֲגוֹן

Observatorium (n)	mitspe koχavim	מִצְפֵּה כּוֹכָבִים (ז)
Teleskop (n)	teleskop	טֶלֶסְקוֹפ (ז)
beobachten (vt)	litspot, lehaʃkif	לִצְפּוֹת, לְהַשְׁקִיף
erforschen (vt)	laχkor	לַחְקוֹר

75. Die Erde

Erde (f)	kadur ha"arets	כַּדוּר הָאָרֶץ (ז)
Erdkugel (f)	kadur ha"arets	כַּדוּר הָאָרֶץ (ז)
Planet (m)	koχav 'leχet	כּוֹכָב לֶכֶת (ז)

Atmosphäre (f)	atmos'fera	אַטְמוֹסְפֶּרָה (נ)
Geographie (f)	ge'o'grafya	גֵּיאוֹגְרַפְיָה (נ)
Natur (f)	'teva	טֶבַע (ז)

Globus (m)	'globus	גְלוֹבּוּס (ז)
Landkarte (f)	mapa	מַפָּה (נ)
Atlas (m)	'atlas	אַטְלָס (ז)

Europa (n)	ei'ropa	אֵירוֹפָּה (נ)
Asien (n)	'asya	אַסְיָה (נ)
Afrika (n)	'afrika	אַפְרִיקָה (נ)
Australien (n)	ost'ralya	אוֹסְטְרַלְיָה (נ)

Amerika (n)	a'merika	אָמֵרִיקָה (נ)
Nordamerika (n)	a'merika hatsfonit	אָמֵרִיקָה הַצְפוֹנִית (נ)
Südamerika (n)	a'merika hadromit	אָמֵרִיקָה הַדְרוֹמִית (נ)

| Antarktis (f) | ya'beʃet an'tarktika | יַבֶּשֶׁת אַנְטָארקְטִיקָה (נ) |
| Arktis (f) | 'arktika | אַרקְטִיקָה (נ) |

76. Himmelsrichtungen

| Norden (m) | tsafon | צָפוֹן (ז) |
| nach Norden | tsa'fona | צָפוֹנָה |

| im Norden | batsafon | בַּצָּפוֹן |
| nördlich | tsfoni | צְפוֹנִי |

Süden (m)	darom	דָּרוֹם (ז)
nach Süden	da'roma	דָּרוֹמָה
im Süden	badarom	בַּדָּרוֹם
südlich	dromi	דְּרוֹמִי

Westen (m)	ma'arav	מַעֲרָב (ז)
nach Westen	ma'a'rava	מַעֲרָבָה
im Westen	bama'arav	בַּמַעֲרָב
westlich, West-	ma'aravi	מַעֲרָבִי

Osten (m)	mizraχ	מִזְרָח (ז)
nach Osten	miz'raχa	מִזְרָחָה
im Osten	bamizraχ	בַּמִזְרָח
östlich	mizraχi	מִזְרָחִי

77. Meer. Ozean

Meer (n), See (f)	yam	יָם (ז)
Ozean (m)	ok'yanos	אוֹקְיָאנוֹס (ז)
Golf (m)	mifrats	מִפְרָץ (ז)
Meerenge (f)	meitsar	מֵיצָר (ז)

Festland (n)	yabaʃa	יַבָּשָׁה (נ)
Kontinent (m)	ya'beʃet	יַבָּשֶׁת (נ)
Insel (f)	i	אִי (ז)
Halbinsel (f)	χatsi i	חֲצִי אִי (ז)
Archipel (m)	arχipelag	אַרְכִיפֶּלָג (ז)

Bucht (f)	mifrats	מִפְרָץ (ז)
Hafen (m)	namal	נָמֵל (ז)
Lagune (f)	la'guna	לָגוּנָה (נ)
Kap (n)	kef	כֵּף (ז)

Atoll (n)	atol	אָטוֹל (ז)
Riff (n)	ʃunit	שׁוּנִית (נ)
Koralle (f)	almog	אַלְמוֹג (ז)
Korallenriff (n)	ʃunit almogim	שׁוּנִית אַלְמוֹגִים (נ)

tief (Adj)	amok	עָמוֹק
Tiefe (f)	'omek	עוֹמֶק (ז)
Abgrund (m)	tehom	תְּהוֹם (נ)
Graben (m)	maχteʃ	מַכְתֵּשׁ (ז)

| Strom (m) | 'zerem | זֶרֶם (ז) |
| umspülen (vt) | lehakif | לְהַקִּיף |

| Ufer (n) | χof | חוֹף (ז) |
| Küste (f) | χof yam | חוֹף יָם (ז) |

| Flut (f) | ge'ut | גֵּאוּת (נ) |
| Ebbe (f) | 'ʃefel | שֵׁפֶל (ז) |

| Sandbank (f) | sirton | שִׂרְטוֹן (ז) |
| Boden (m) | karka'it | קַרְקָעִית (נ) |

Welle (f)	gal	גַּל (ז)
Wellenkamm (m)	pisgat hagal	פִּסְגַּת הַגַּל (נ)
Schaum (m)	'ketsef	קֶצֶף (ז)

Sturm (m)	sufa	סוּפָה (נ)
Orkan (m)	hurikan	הוּרִיקָן (ז)
Tsunami (m)	tsu'nami	צוּנָאמִי (ז)
Windstille (f)	'roga	רֹגַע (ז)
ruhig	ʃalev	שָׁלֵו

| Pol (m) | 'kotev | קוֹטֶב (ז) |
| Polar- | kotbi | קוֹטְבִּי |

Breite (f)	kav 'roχav	קַו רֹחַב (ז)
Länge (f)	kav 'oreχ	קַו אֹרֶךְ (ז)
Breitenkreis (m)	kav 'roχav	קַו רֹחַב (ז)
Äquator (m)	kav hamaʃve	קַו הַמַּשְׁוֶה (ז)

Himmel (m)	ʃa'mayim	שָׁמַיִם (ז"ר)
Horizont (m)	'ofek	אֹפֶק (ז)
Luft (f)	avir	אֲוִיר (ז)

Leuchtturm (m)	migdalor	מִגְדַּלּוֹר (ז)
tauchen (vi)	liʦlol	לִצְלֹל
versinken (vi)	lit'bo'a	לִטְבֹּעַ
Schätze (pl)	otsarot	אוֹצָרוֹת (ז"ר)

78. Namen der Meere und Ozeane

Atlantischer Ozean (m)	ha'ok'yanus ha'at'lanti	הָאוֹקְיָינוֹס הָאַטְלַנְטִי (ז)
Indischer Ozean (m)	ha'ok'yanus ha'hodi	הָאוֹקְיָינוֹס הַהוֹדִי (ז)
Pazifischer Ozean (m)	ha'ok'yanus haʃaket	הָאוֹקְיָינוֹס הַשָּׁקֵט (ז)
Arktischer Ozean (m)	ok'yanos ha'keraχ haʦfoni	אוֹקְיָינוֹס הַקֶּרַח הַצְּפוֹנִי (ז)

Schwarzes Meer (n)	hayam haʃaχor	הַיָּם הַשָּׁחוֹר (ז)
Rotes Meer (n)	yam suf	יַם סוּף (ז)
Gelbes Meer (n)	hayam hatsahov	הַיָּם הַצָּהוֹב (ז)
Weißes Meer (n)	hayam halavan	הַיָּם הַלָּבָן (ז)

Kaspisches Meer (n)	hayam ha'kaspi	הַיָּם הַכַּסְפִּי (ז)
Totes Meer (n)	yam ha'melaχ	יַם הַמֶּלַח (ז)
Mittelmeer (n)	hayam hatiχon	הַיָּם הַתִּיכוֹן (ז)

| Ägäisches Meer (n) | hayam ha'e'ge'i | הַיָּם הָאֶגֶאִי (ז) |
| Adriatisches Meer (n) | hayam ha'adri'yati | הַיָּם הָאַדְרִיָאתִי (ז) |

Arabisches Meer (n)	hayam ha'aravi	הַיָּם הָעֲרָבִי (ז)
Japanisches Meer (n)	hayam haya'pani	הַיָּם הַיַּפָּנִי (ז)
Beringmeer (n)	yam 'bering	יַם בָּרִינְג (ז)
Südchinesisches Meer (n)	yam sin hadromi	יַם סִין הַדְּרוֹמִי (ז)
Korallenmeer (n)	yam ha'almogim	יַם הָאַלְמוֹגִים (ז)

Tasmansee (f)	yam tasman	יָם טַסמַן (ז)
Karibisches Meer (n)	hayam haka'ribi	הַיָּם הַקָרִיבִּי (ז)
Barentssee (f)	yam 'barents	יָם בָּרֶנץ (ז)
Karasee (f)	yam 'kara	יָם קָאַרָה (ז)
Nordsee (f)	hayam hatsfoni	הַיָּם הַצְפוֹנִי (ז)
Ostsee (f)	hayam ha'balti	הַיָּם הַבַּלטִי (ז)
Nordmeer (n)	hayam hanor'vegi	הַיָּם הַנוֹרבֶגִי (ז)

79. Berge

Berg (m)	har	הַר (ז)
Gebirgskette (f)	'reχes harim	רֶכֶס הָרִים (ז)
Bergrücken (m)	'reχes har	רֶכֶס הַר (ז)
Gipfel (m)	pisga	פִּסגָה (נ)
Spitze (f)	pisga	פִּסגָה (נ)
Bergfuß (m)	margelot	מַרגְלוֹת (נ"ר)
Abhang (m)	midron	מִדרוֹן (ז)
Vulkan (m)	har 'gaʿaʃ	הַר גַעַשׁ (ז)
tätiger Vulkan (m)	har 'gaʿaʃ pa'il	הַר גַעַשׁ פָּעִיל (ז)
schlafender Vulkan (m)	har 'gaʿaʃ radum	הַר גַעַשׁ רָדוּם (ז)
Ausbruch (m)	hitpartsut	הִתפָּרְצוּת (נ)
Krater (m)	lo'a	לוֹעַ (ז)
Magma (n)	megama	מֶגָמָה (נ)
Lava (f)	'lava	לָאבָה (נ)
glühend heiß (-e Lava)	lohet	לוֹהֵט
Cañon (m)	kanyon	קַניוֹן (ז)
Schlucht (f)	gai	גַיא (ז)
Spalte (f)	'beka	בֶּקַע (ז)
Abgrund (m) (steiler ~)	tehom	תְהוֹם (נ)
Gebirgspass (m)	ma'avar harim	מַעֲבָר הָרִים (ז)
Plateau (n)	rama	רָמָה (נ)
Fels (m)	tsuk	צוּק (ז)
Hügel (m)	giv'a	גִבעָה (נ)
Gletscher (m)	karχon	קַרחוֹן (ז)
Wasserfall (m)	mapal 'mayim	מַפַּל מַיִם (ז)
Geiser (m)	'geizer	גֵייזֶר (ז)
See (m)	agam	אֲגַם (ז)
Ebene (f)	miʃor	מִישׁוֹר (ז)
Landschaft (f)	nof	נוֹף (ז)
Echo (n)	hed	הֵד (ז)
Bergsteiger (m)	metapes harim	מְטַפֵּס הָרִים (ז)
Kletterer (m)	metapes sla'im	מְטַפֵּס סְלָעִים (ז)
bezwingen (vt)	liχboʃ	לכבּוֹשׁ
Aufstieg (m)	tipus	טִיפּוּס (ז)

80. Namen der Berge

Alpen (pl)	harei ha''alpim	הָרֵי הָאַלְפִּים (ז"ר)
Montblanc (m)	mon blan	מוֹן בְּלָאן (ז)
Pyrenäen (pl)	pire'ne'im	פִּירֶנָאִים (ז"ר)
Karpaten (pl)	kar'patim	קַרְפָּטִים (ז"ר)
Uralgebirge (n)	harei ural	הָרֵי אוּרָל (ז"ר)
Kaukasus (m)	harei hakavkaz	הָרֵי הַקַּוְקָז (ז"ר)
Elbrus (m)	elbrus	אֶלְבְּרוּס (ז)
Altai (m)	harei altai	הָרֵי אַלְטַאי (ז"ר)
Tian Shan (m)	tyan ʃan	טִיַאן שָׁאן (ז)
Pamir (m)	harei pamir	הָרֵי פָּאמִיר (ז"ר)
Himalaja (m)	harei hehima'laya	הָרֵי הַהִימָלַאיָה (ז"ר)
Everest (m)	everest	אֶוֶרֶסְט (ז)
Anden (pl)	harei ha''andim	הָרֵי הָאַנְדִים (ז"ר)
Kilimandscharo (m)	kiliman'dʒaro	קִילִימַנְגַ'רוֹ (ז)

81. Flüsse

Fluss (m)	nahar	נָהָר (ז)
Quelle (f)	ma'ayan	מַעְיָין (ז)
Flussbett (n)	afik	אָפִיק (ז)
Stromgebiet (n)	agan nahar	אַגַן נָהָר (ז)
einmünden in …	lehiʃapeχ	לְהִישָׁפֵךְ
Nebenfluss (m)	yuval	יוֹבַל (ז)
Ufer (n)	χof	חוֹף (ז)
Strom (m)	'zerem	זֶרֶם (ז)
stromabwärts	bemorad hanahar	בְּמוֹרַד הַנָּהָר
stromaufwärts	bema'ale hanahar	בְּמַעֲלֵה הַנָּהָר
Überschwemmung (f)	hatsafa	הַצָּפָה (נ)
Hochwasser (n)	ʃitafon	שִׁיטָפוֹן (ז)
aus den Ufern treten	la'alot al gdotav	לַעֲלוֹת עַל גְדוֹתָיו
überfluten (vt)	lehatsif	לְהָצִיף
Sandbank (f)	sirton	שִׂרְטוֹן (ז)
Stromschnelle (f)	'eʃed	אֶשֶׁד (ז)
Damm (m)	'seχer	סֶכֶר (ז)
Kanal (m)	te'ala	תְּעָלָה (נ)
Stausee (m)	ma'agar 'mayim	מַאֲגַר מַיִם (ז)
Schleuse (f)	ta 'ʃayit	תָּא שַׁיִט (ז)
Gewässer (n)	ma'agar 'mayim	מַאֲגַר מַיִם (ז)
Sumpf (m), Moor (n)	bitsa	בִּיצָה (נ)
Marsch (f)	bitsa	בִּיצָה (נ)
Strudel (m)	me'ar'bolet	מְעַרְבּוֹלֶת (נ)
Bach (m)	'naχal	נַחַל (ז)

| Trink- (z.B. Trinkwasser) | ʃel ʃtiya | שֶׁל שְׁתִיָּה |
| Süß- (Wasser) | metukim | מְתוּקִים |

| Eis (n) | 'keraχ | קֶרַח (ז) |
| zufrieren (vi) | likpo | לִקְפֹּא |

82. Namen der Flüsse

| Seine (f) | hasen | הַסֶן (ז) |
| Loire (f) | lu'ar | לוֹאָר (ז) |

Themse (f)	'temza	תֶּמְזָה (נ)
Rhein (m)	hrain	הַרַיִין (ז)
Donau (f)	da'nuba	דָנוּבָּה (נ)

Wolga (f)	'volga	וֹולְגָּה (נ)
Don (m)	nahar don	נְהַר דּוֹן (ז)
Lena (f)	'lena	לֶנָה (נ)

Gelber Fluss (m)	hvang ho	הוֹונְג הוֹ (ז)
Jangtse (m)	yangtse	יַאנְגְצֶה (ז)
Mekong (m)	mekong	מֶקוֹנְג (ז)
Ganges (m)	'ganges	גַּנְגֶּס (ז)

Nil (m)	'nilus	נִילוּס (ז)
Kongo (m)	'kongo	קוֹנְגוֹ (ז)
Okavango (m)	ok'vango	אוֹקָבַנְגּוֹ (ז)
Sambesi (m)	zam'bezi	זַמְבֶּזִי (ז)
Limpopo (m)	limpopo	לִימְפּוֹפוֹ (ז)
Mississippi (m)	misi'sipi	מִיסִיסִיפִּי (ז)

83. Wald

| Wald (m) | 'ya'ar | יַעַר (ז) |
| Wald- | ʃel 'ya'ar | שֶׁל יַעַר |

Dickicht (n)	avi ha'ya'ar	עֲבִי הַיַּעַר (ז)
Gehölz (n)	χurʃa	חֻרְשָׁה (נ)
Lichtung (f)	ka'raχat 'ya'ar	קָרַחַת יַעַר (נ)

| Dickicht (n) | svaχ | סְבַךְ (ז) |
| Gebüsch (n) | 'siaχ | שִׂיחַ (ז) |

| Fußweg (m) | ʃvil | שְׁבִיל (ז) |
| Erosionsrinne (f) | 'emek tsar | עֵמֶק צַר (ז) |

Baum (m)	ets	עֵץ (ז)
Blatt (n)	ale	עָלֶה (ז)
Laub (n)	alva	עַלְוָה (נ)

| Laubfall (m) | ʃa'leχet | שַׁלֶּכֶת (נ) |
| fallen (Blätter) | linʃor | לִנְשֹׁר |

Wipfel (m)	tsa'meret	צַמֶּרֶת (נ)
Zweig (m)	anaf	עָנָף (ז)
Ast (m)	anaf ave	עָנָף עָבֶה (ז)
Knospe (f)	nitsan	נִיצָן (ז)
Nadel (f)	'maxat	מַחַט (נ)
Zapfen (m)	itstrubal	אָצְטְרוּבָּל (ז)

Höhlung (f)	xor ba'ets	חוֹר בָּעֵץ (ז)
Nest (n)	ken	קֵן (ז)
Höhle (f)	mexila	מְחִילָה (נ)

Stamm (m)	'geza	גֶּזַע (ז)
Wurzel (f)	'oreʃ	שׁוֹרֶשׁ (ז)
Rinde (f)	klipa	קְלִיפָּה (נ)
Moos (n)	taxav	טַחַב (ז)

entwurzeln (vt)	la'akor	לַעֲקוֹר
fällen (vt)	lixrot	לִכְרוֹת
abholzen (vt)	levare	לְבָרֵא
Baumstumpf (m)	'gedem	גֶּדֶם (ז)

Lagerfeuer (n)	medura	מְדוּרָה (נ)
Waldbrand (m)	srefa	שְׂרֵיפָה (נ)
löschen (vt)	lexabot	לְכַבּוֹת

Förster (m)	ʃomer 'ya'ar	שׁוֹמֵר יַעַר (ז)
Schutz (m)	ʃmira	שְׁמִירָה (נ)
beschützen (vt)	liʃmor	לִשְׁמוֹר
Wilddieb (m)	tsayad lelo reʃut	צַיָּד לְלֹא רְשׁוּת (ז)
Falle (f)	mal'kodet	מַלְכּוֹדֶת (נ)

sammeln (Pilze ~)	lelaket	לְלַקֵּט
pflücken (Beeren ~)	lelaket	לְלַקֵּט
sich verirren	lit'ot	לִתְעוֹת

84. natürliche Lebensgrundlagen

Naturressourcen (pl)	otsarot 'teva	אוֹצְרוֹת טֶבַע (ז"ר)
Bodenschätze (pl)	mine'ralim	מִינֶרָלִים (ז"ר)
Vorkommen (n)	mirbats	מִרְבָּץ (ז)
Feld (Ölfeld usw.)	mirbats	מִרְבָּץ (ז)

gewinnen (vt)	lixrot	לִכְרוֹת
Gewinnung (f)	kriya	כְּרִיָּה (נ)
Erz (n)	afra	עַפְרָה (נ)
Bergwerk (n)	mixre	מִכְרֶה (ז)
Schacht (m)	pir	פִּיר (ז)
Bergarbeiter (m)	kore	כּוֹרֶה (ז)

| Erdgas (n) | gaz | גָּז (ז) |
| Gasleitung (f) | tsinor gaz | צִינוֹר גָּז (ז) |

| Erdöl (n) | neft | נֵפְט (ז) |
| Erdölleitung (f) | tsinor neft | צִינוֹר נֵפְט (ז) |

Ölquelle (f)	be'er neft	בְּאֵר נֶפְט (נ)
Bohrturm (m)	migdal ki'duax	מִגְדַל קִידוּחַ (ז)
Tanker (m)	mexalit	מֵיכָלִית (נ)

Sand (m)	xol	חוֹל (ז)
Kalkstein (m)	'even gir	אֶבֶן גִיר (נ)
Kies (m)	xatsats	חָצָץ (ז)
Torf (m)	kavul	כָּבוּל (ז)
Ton (m)	tit	טִיט (ז)
Kohle (f)	pexam	פֶּחָם (ז)

Eisen (n)	barzel	בַּרְזֶל (ז)
Gold (n)	zahav	זָהָב (ז)
Silber (n)	'kesef	כֶּסֶף (ז)
Nickel (n)	'nikel	נִיקֶל (ז)
Kupfer (n)	ne'xoʃet	נְחוֹשֶת (נ)

Zink (n)	avats	אָבָץ (ז)
Mangan (n)	mangan	מַנְגָן (ז)
Quecksilber (n)	kaspit	כַּסְפִּית (נ)
Blei (n)	o'feret	עוֹפֶרֶת (נ)

Mineral (n)	mineral	מִינְרָל (ז)
Kristall (m)	gaviʃ	גָבִיש (ז)
Marmor (m)	'ʃayiʃ	שַיִש (ז)
Uran (n)	u'ranyum	אוּרָנְיוּם (ז)

85. Wetter

Wetter (n)	'mezeg avir	מֶזֶג אֲוִויר (ז)
Wetterbericht (m)	taxazit 'mezeg ha'avir	תַחֲזִית מֶזֶג הָאֲוִויר (נ)
Temperatur (f)	tempera'tura	טֶמְפֶּרָטוּרָה (נ)
Thermometer (n)	madxom	מַדְחוֹם (ז)
Barometer (n)	ba'rometer	בָּרוֹמֶטֶר (ז)

feucht	lax	לַח
Feuchtigkeit (f)	laxut	לַחוּת (נ)
Hitze (f)	xom	חוֹם (ז)
glutheiß	xam	חַם
ist heiß	xam	חַם

| ist warm | xamim | חָמִים |
| warm (Adj) | xamim | חָמִים |

| ist kalt | kar | קַר |
| kalt (Adj) | kar | קַר |

Sonne (f)	'ʃemeʃ	שֶׁמֶש (נ)
scheinen (vi)	lizhor	לִזְהוֹר
sonnig (Adj)	ʃimʃi	שִמְשִי
aufgehen (vi)	liz'roax	לִזְרוֹחַ
untergehen (vi)	liʃko'a	לִשְקוֹעַ
Wolke (f)	anan	עָנָן (ז)
bewölkt, wolkig	me'unan	מְעוֹנָן

| Regenwolke (f) | av | עָב (ז) |
| trüb (-er Tag) | sagriri | סַגְרִירִי |

Regen (m)	'geʃem	גֶּשֶׁם (ז)
Es regnet	yored 'geʃem	יוֹרֵד גֶּשֶׁם
regnerisch (-er Tag)	gaʃum	גָּשׁוּם
nieseln (vi)	letaftef	לְטַפְטֵף

strömender Regen (m)	matar	מָטָר (ז)
Regenschauer (m)	mabul	מַבּוּל (ז)
stark (-er Regen)	χazak	חָזָק
Pfütze (f)	ʃlulit	שְׁלוּלִית (נ)
nass werden (vi)	lehitratev	לְהִתְרַטֵּב

Nebel (m)	arapel	עֲרָפֶל (ז)
neblig (-er Tag)	me'urpal	מְעוּרְפָּל
Schnee (m)	'ʃeleg	שֶׁלֶג (ז)
Es schneit	yored 'ʃeleg	יוֹרֵד שֶׁלֶג

86. Unwetter Naturkatastrophen

Gewitter (n)	sufat re'amim	סוּפַת רְעָמִים (נ)
Blitz (m)	barak	בָּרָק (ז)
blitzen (vi)	livhok	לִבְהוֹק

Donner (m)	'ra'am	רַעַם (ז)
donnern (vi)	lir'om	לִרְעוֹם
Es donnert	lir'om	לִרְעוֹם

| Hagel (m) | barad | בָּרָד (ז) |
| Es hagelt | yored barad | יוֹרֵד בָּרָד |

| überfluten (vt) | lehatsif | לְהָצִיף |
| Überschwemmung (f) | ʃitafon | שִׁיטָפוֹן (ז) |

Erdbeben (n)	re'idat adama	רְעִידַת אֲדָמָה (נ)
Erschütterung (f)	re'ida	רְעִידָה (נ)
Epizentrum (n)	moked	מוֹקֵד (ז)

| Ausbruch (m) | hitpartsut | הִתְפָּרְצוּת (נ) |
| Lava (f) | 'lava | לָאבָה (נ) |

Wirbelsturm (m)	hurikan	הוֹרִיקָן (ז)
Tornado (m)	tor'nado	טוֹרְנָדוֹ (ז)
Taifun (m)	taifun	טַייפוּן (ז)

Orkan (m)	hurikan	הוֹרִיקָן (ז)
Sturm (m)	sufa	סוּפָה (נ)
Tsunami (m)	tsu'nami	צוּנָאמִי (ז)

Zyklon (m)	tsiklon	צִיקְלוֹן (ז)
Unwetter (n)	sagrir	סַגְרִיר (ז)
Brand (m)	srefa	שְׂרֵיפָה (נ)
Katastrophe (f)	ason	אָסוֹן (ז)

Meteorit (m)	mete'orit	מֶטֶאוֹרִיט (ז)
Lawine (f)	ma'polet ʃlagim	מַפּוֹלֶת שְׁלָגִים (נ)
Schneelawine (f)	ma'polet ʃlagim	מַפּוֹלֶת שְׁלָגִים (נ)
Schneegestöber (n)	sufat ʃlagim	סוּפַת שְׁלָגִים (נ)
Schneesturm (m)	sufat ʃlagim	סוּפַת שְׁלָגִים (נ)

FAUNA

87. Säugetiere. Raubtiere

Raubtier (n)	χayat 'teref	חַיַּת טֶרֶף (נ)
Tiger (m)	'tigris	טִיגְרִיס (ז)
Löwe (m)	arye	אַרְיֵה (ז)
Wolf (m)	ze'ev	זְאֵב (ז)
Fuchs (m)	ʃu'al	שׁוּעָל (ז)
Jaguar (m)	yagu'ar	יָגוּאָר (ז)
Leopard (m)	namer	נָמֵר (ז)
Gepard (m)	bardelas	בַּרְדְּלָס (ז)
Panther (m)	panter	פַּנְתֵּר (ז)
Puma (m)	'puma	פּוּמָה (נ)
Schneeleopard (m)	namer 'ʃeleg	נְמֵר שֶׁלֶג (ז)
Luchs (m)	ʃunar	שׁוּנָר (ז)
Kojote (m)	ze'ev ha'aravot	זְאֵב הָעֲרָבוֹת (ז)
Schakal (m)	tan	תַּן (ז)
Hyäne (f)	tsa'vo'a	צָבוֹעַ (ז)

88. Tiere in freier Wildbahn

Tier (n)	'ba'al χayim	בַּעַל חַיִּים (ז)
Bestie (f)	χaya	חַיָה (נ)
Eichhörnchen (n)	sna'i	סְנָאִי (ז)
Igel (m)	kipod	קִיפּוֹד (ז)
Hase (m)	arnav	אַרְנָב (ז)
Kaninchen (n)	ʃafan	שָׁפָן (ז)
Dachs (m)	girit	גִּירִית (נ)
Waschbär (m)	dvivon	דְּבִיבוֹן (ז)
Hamster (m)	oger	אוֹגֵר (ז)
Murmeltier (n)	mar'mita	מַרְמִיטָה (נ)
Maulwurf (m)	χafar'peret	חֲפַרְפֶּרֶת (נ)
Maus (f)	aχbar	עַכְבָּר (ז)
Ratte (f)	χulda	חוּלְדָּה (נ)
Fledermaus (f)	atalef	עֲטַלֵּף (ז)
Hermelin (n)	hermin	הֶרְמִין (ז)
Zobel (m)	tsobel	צוֹבֶּל (ז)
Marder (m)	dalak	דָּלָק (ז)
Wiesel (n)	χamus	חָמוּס (ז)
Nerz (m)	χorfan	חוֹרְפָּן (ז)

85

Biber (m)	bone	בּוֹנֶה (ז)
Fischotter (m)	lutra	לוֹטְרָה (נ)
Pferd (n)	sus	סוּס (ז)
Elch (m)	ayal hakore	אַיָּל הַקּוֹרֵא (ז)
Hirsch (m)	ayal	אַיָּל (ז)
Kamel (n)	gamal	גָּמָל (ז)
Bison (m)	bizon	בִּיזוֹן (ז)
Wisent (m)	bizon ei'ropi	בִּיזוֹן אֵירוֹפִי (ז)
Büffel (m)	te'o	תְּאוֹ (ז)
Zebra (n)	'zebra	זֶבְּרָה (נ)
Antilope (f)	anti'lopa	אַנְטִילוֹפָּה (נ)
Reh (n)	ayal hakarmel	אַיָּל הַכַּרְמֶל (ז)
Damhirsch (m)	yaχmur	יַחְמוּר (ז)
Gämse (f)	ya'el	יָעֵל (ז)
Wildschwein (n)	χazir bar	חֲזִיר בָּר (ז)
Wal (m)	livyatan	לִוְיָתָן (ז)
Seehund (m)	'kelev yam	כֶּלֶב יָם (ז)
Walroß (n)	sus yam	סוּס יָם (ז)
Seebär (m)	dov yam	דּוֹב יָם (ז)
Delfin (m)	dolfin	דּוֹלְפִין (ז)
Bär (m)	dov	דּוֹב (ז)
Eisbär (m)	dov 'kotev	דּוֹב קוֹטֶב (ז)
Panda (m)	'panda	פַּנְדָּה (נ)
Affe (m)	kof	קוֹף (ז)
Schimpanse (m)	ʃimpanze	שִׁימְפַּנְזָה (נ)
Orang-Utan (m)	orang utan	אוֹרַנְג-אוּטָן (ז)
Gorilla (m)	go'rila	גּוֹרִילָה (נ)
Makak (m)	makak	מָקָק (ז)
Gibbon (m)	gibon	גִּיבּוֹן (ז)
Elefant (m)	pil	פִּיל (ז)
Nashorn (n)	karnaf	קַרְנַף (ז)
Giraffe (f)	dʒi'rafa	גִ'ירָפָּה (נ)
Flusspferd (n)	hipopotam	הִיפּוֹפּוֹטָם (ז)
Känguru (n)	'kenguru	קֶנְגּוּרוּ (ז)
Koala (m)	ko''ala	קוֹאָלָה (ז)
Manguste (f)	nemiya	נְמִיָּה (נ)
Chinchilla (n)	tʃin'tʃila	צִ'ינְצִ'ילָה (נ)
Stinktier (n)	bo'eʃ	בּוֹאֵשׁ (ז)
Stachelschwein (n)	darban	דַּרְבָּן (ז)

89. Haustiere

Katze (f)	χatula	חֲתוּלָה (נ)
Kater (m)	χatul	חָתוּל (ז)
Hund (m)	'kelev	כֶּלֶב (ז)

Pferd (n)	sus	סוס (ז)
Hengst (m)	sus harba'a	סוס הַרְבָּעָה (ז)
Stute (f)	susa	סוּסָה (נ)

Kuh (f)	para	פָּרָה (נ)
Stier (m)	ʃor	שׁוֹר (ז)
Ochse (m)	ʃor	שׁוֹר (ז)

Schaf (n)	kivsa	כְּבשָׂה (נ)
Widder (m)	'ayil	אַיִל (ז)
Ziege (f)	ez	עֵז (נ)
Ziegenbock (m)	'tayiʃ	תַּיִשׁ (ז)

| Esel (m) | xamor | חֲמוֹר (ז) |
| Maultier (n) | 'pered | פֶּרֶד (ז) |

Schwein (n)	xazir	חֲזִיר (ז)
Ferkel (n)	xazarzir	חֲזַרְזִיר (ז)
Kaninchen (n)	arnav	אַרְנָב (ז)

| Huhn (n) | tarne'golet | תַּרְנְגוֹלֶת (נ) |
| Hahn (m) | tarnegol | תַּרְנְגוֹל (ז) |

Ente (f)	barvaz	בַּרְוָז (ז)
Enterich (m)	barvaz	בַּרְוָז (ז)
Gans (f)	avaz	אַוָז (ז)

| Puter (m) | tarnegol 'hodu | תַּרְנְגוֹל הוֹדוּ (ז) |
| Pute (f) | tarne'golet 'hodu | תַּרְנְגוֹלֶת הוֹדוּ (נ) |

Haustiere (pl)	xayot 'bayit	חַיוֹת בַּיִת (נ"ר)
zahm	mevuyat	מְבוּיָת
zähmen (vt)	levayet	לְבַיֵת
züchten (vt)	lehar'bi'a	לְהַרְבִּיעַ

Farm (f)	xava	חַוָה (נ)
Geflügel (n)	ofot 'bayit	עוֹפוֹת בַּיִת (נ"ר)
Vieh (n)	bakar	בָּקָר (ז)
Herde (f)	'eder	עֵדֶר (ז)

Pferdestall (m)	urva	אוּרְוָה (נ)
Schweinestall (m)	dir xazirim	דִיר חֲזִירִים (ז)
Kuhstall (m)	'refet	רֶפֶת (נ)
Kaninchenstall (m)	arnaviya	אַרְנָבִיָה (נ)
Hühnerstall (m)	lul	לוּל (ז)

90. Vögel

Vogel (m)	tsipor	צִיפּוֹר (נ)
Taube (f)	yona	יוֹנָה (נ)
Spatz (m)	dror	דְרוֹר (ז)
Meise (f)	yargazi	יַרְגָזִי (ז)
Elster (f)	orev nexalim	עוֹרֵב נְחָלִים (ז)
Rabe (m)	orev ʃaxor	עוֹרֵב שָׁחוֹר (ז)

Krähe (f)	orev afor	עוֹרֵב אָפוֹר (ז)
Dohle (f)	ka'ak	קָאָק (ז)
Saatkrähe (f)	orev hamizra	עוֹרֵב הַמִזְרָע (ז)

Ente (f)	barvaz	בַּרְוָז (ז)
Gans (f)	avaz	אַוָז (ז)
Fasan (m)	pasyon	פַסְיוֹן (ז)

Adler (m)	'ayit	עַיִט (ז)
Habicht (m)	nets	נֵץ (ז)
Falke (m)	baz	בַּז (ז)
Greif (m)	ozniya	עוֹזְנִיָה (ז)
Kondor (m)	kondor	קוֹנְדוֹר (ז)

Schwan (m)	barbur	בַּרְבּוּר (ז)
Kranich (m)	agur	עָגוּר (ז)
Storch (m)	xasida	חֲסִידָה (נ)

Papagei (m)	'tuki	תוּכִּי (ז)
Kolibri (m)	ko'libri	קוֹלִיבְּרִי (ז)
Pfau (m)	tavas	טַוָוס (ז)

Strauß (m)	bat ya'ana	בַּת יַעֲנָה (נ)
Reiher (m)	anafa	אֲנָפָה (נ)
Flamingo (m)	fla'mingo	פְלָמִינְגוֹ (ז)
Pelikan (m)	saknai	שַׂקְנַאי (ז)

| Nachtigall (f) | zamir | זָמִיר (ז) |
| Schwalbe (f) | snunit | סְנוּנִית (נ) |

Drossel (f)	kiχli	קִיכְלִי (ז)
Singdrossel (f)	kiχli mezamer	קִיכְלִי מְזַמֵר (ז)
Amsel (f)	kiχli ʃaχor	קִיכְלִי שָׁחוֹר (ז)

Segler (m)	sis	סִיס (ז)
Lerche (f)	efroni	עֶפְרוֹנִי (ז)
Wachtel (f)	slav	שְׂלָיו (ז)

Specht (m)	'neker	נֶקָר (ז)
Kuckuck (m)	kukiya	קוּקִיָה (נ)
Eule (f)	yanʃuf	יַנְשׁוּף (ז)
Uhu (m)	'oaχ	אוֹחַ (ז)
Auerhahn (m)	seχvi 'ya'ar	שְׂכְוִי יַעַר (ז)
Birkhahn (m)	seχvi	שְׂכְוִי (ז)
Rebhuhn (n)	χogla	חוֹגְלָה (נ)

Star (m)	zarzir	זַרְזִיר (ז)
Kanarienvogel (m)	ka'narit	קָנָרִית (נ)
Haselhuhn (n)	seχvi haya'arot	שְׂכְוִי הַיְעָרוֹת (ז)

| Buchfink (m) | paroʃ | פָרוֹשׁ (ז) |
| Gimpel (m) | admonit | אַדְמוֹנִית (נ) |

Möwe (f)	'ʃaχaf	שַׁחַף (ז)
Albatros (m)	albatros	אַלְבַּטְרוֹס (ז)
Pinguin (m)	pingvin	פִּינְגְוִין (ז)

91. Fische. Meerestiere

Brachse (f)	avroma	אַבְרוֹמָה (נ)
Karpfen (m)	karpiyon	קַרְפִּיוֹן (ז)
Barsch (m)	'okunus	אוֹקוּנוּס (ז)
Wels (m)	sfamnun	שְׂפַמְנוּן (ז)
Hecht (m)	ze'ev 'mayim	זְאֵב מַיִם (ז)

| Lachs (m) | 'salmon | סַלְמוֹן (ז) |
| Stör (m) | χidkan | חִדְקָן (ז) |

Hering (m)	ma'liaχ	מָלִיחַ (ז)
atlantische Lachs (m)	iltit	אִילְתִּית (נ)
Makrele (f)	makarel	מָקָרֶל (ז)
Scholle (f)	dag moʃe ra'benu	דַּג מֹשֶׁה רַבֵּנוּ (ז)

Zander (m)	amnun	אַמְנוּן (ז)
Dorsch (m)	ʃibut	שִׁיבּוּט (ז)
Tunfisch (m)	'tuna	טוּנָה (נ)
Forelle (f)	forel	פוֹרֶל (ז)

Aal (m)	tslofaχ	צְלוֹפָח (ז)
Zitterrochen (m)	trisanit	תְּרִיסָנִית (נ)
Muräne (f)	mo'rena	מוֹרֶנָה (נ)
Piranha (m)	pi'ranya	פִּירַנְיָה (נ)

Hai (m)	kariʃ	כָּרִישׁ (ז)
Delfin (m)	dolfin	דוֹלְפִין (ז)
Wal (m)	livyatan	לִוְיָתָן (ז)

Krabbe (f)	sartan	סַרְטָן (ז)
Meduse (f)	me'duza	מֶדוּזָה (נ)
Krake (m)	tamnun	תַּמְנוּן (ז)

Seestern (m)	koχav yam	כּוֹכַב יָם (ז)
Seeigel (m)	kipod yam	קִיפּוֹד יָם (ז)
Seepferdchen (n)	suson yam	סוּסוֹן יָם (ז)

Auster (f)	tsidpa	צִדְפָּה (נ)
Garnele (f)	χasilon	חָסִילוֹן (ז)
Hummer (m)	'lobster	לוֹבְּסְטֶר (ז)
Languste (f)	'lobster kotsani	לוֹבְּסְטֶר קוֹצָנִי (ז)

92. Amphibien Reptilien

| Schlange (f) | naχaʃ | נָחָשׁ (ז) |
| Gift-, giftig | arsi | אַרְסִי |

Viper (f)	'tsefa	צֶפַע (ז)
Kobra (f)	'peten	פֶּתֶן (ז)
Python (m)	piton	פִּיתוֹן (ז)
Boa (f)	χanak	חָנָק (ז)
Ringelnatter (f)	naχaʃ 'mayim	נָחָשׁ מַיִם (ז)

| Klapperschlange (f) | ʃfifon | שְׁפִיפוֹן (ז) |
| Anakonda (f) | ana'konda | אֲנָקוֹנְדָּה (נ) |

Eidechse (f)	leta'a	לְטָאָה (נ)
Leguan (m)	igu"ana	אִיגוּאָנָה (נ)
Waran (m)	'koaχ	כּוֹחַ (ז)
Salamander (m)	sala'mandra	סָלָמַנְדְּרָה (נ)
Chamäleon (n)	zikit	זִיקִית (נ)
Skorpion (m)	akrav	עַקְרָב (ז)

Schildkröte (f)	tsav	צָב (ז)
Frosch (m)	tsfar'de'a	צְפַרְדֵּעַ (נ)
Kröte (f)	karpada	קַרְפָּדָה (נ)
Krokodil (n)	tanin	תַּנִּין (ז)

93. Insekten

Insekt (n)	χarak	חָרָק (ז)
Schmetterling (m)	parpar	פַּרְפַּר (ז)
Ameise (f)	nemala	נְמָלָה (נ)
Fliege (f)	zvuv	זְבוּב (ז)
Mücke (f)	yatuʃ	יַתּוּשׁ (ז)
Käfer (m)	χipuʃit	חִיפּוּשִׁית (נ)

Wespe (f)	tsir'a	צִרְעָה (נ)
Biene (f)	dvora	דְּבוֹרָה (נ)
Hummel (f)	dabur	דַּבּוּר (ז)
Bremse (f)	zvuv hasus	זְבוּב הַסּוּס (ז)

| Spinne (f) | akaviʃ | עַכָּבִישׁ (ז) |
| Spinnennetz (n) | kurei akaviʃ | קוּרֵי עַכָּבִישׁ (ז"ר) |

Libelle (f)	ʃapirit	שְׁפִירִית (נ)
Grashüpfer (m)	χagav	חָגָב (ז)
Schmetterling (m)	aʃ	עָשׁ (ז)

Schabe (f)	makak	מַקָּק (ז)
Zecke (f)	kartsiya	קַרְצִיָּה (נ)
Floh (m)	par'oʃ	פַּרְעוֹשׁ (ז)
Kriebelmücke (f)	yavχuʃ	יַבְחוּשׁ (ז)

Heuschrecke (f)	arbe	אַרְבֶּה (ז)
Schnecke (f)	χilazon	חִילָּזוֹן (ז)
Heimchen (n)	tsartsar	צְרָצַר (ז)
Leuchtkäfer (m)	gaχlilit	גַּחְלִילִית (נ)
Marienkäfer (m)	parat moʃe ra'benu	פָּרַת מֹשֶׁה רַבֵּנוּ (נ)
Maikäfer (m)	χipuʃit aviv	חִיפּוּשִׁית אָבִיב (נ)

Blutegel (m)	aluka	עֲלוּקָה (נ)
Raupe (f)	zaχal	זַחַל (ז)
Wurm (m)	to'la'at	תּוֹלַעַת (נ)
Larve (f)	'deren	דֶּרֶן (ז)

FLORA

94. Bäume

Baum (m)	ets	עֵץ (ז)
Laub-	naʃir	נָשִׁיר
Nadel-	maχtani	מַחְטָנִי
immergrün	yarok ad	יָרוֹק עַד
Apfelbaum (m)	ta'puaχ	תַּפּוּחַ (ז)
Birnbaum (m)	agas	אַגָּס (ז)
Süßkirschbaum (m)	gudgedan	גּוּדְגְּדָן (ז)
Sauerkirschbaum (m)	duvdevan	דּוּבְדְּבָן (ז)
Pflaumenbaum (m)	ʃezif	שְׁזִיף (ז)
Birke (f)	ʃadar	שְׁדָר (ז)
Eiche (f)	alon	אַלּוֹן (ז)
Linde (f)	'tilya	טִילְיָה (נ)
Espe (f)	aspa	אַסְפָּה (נ)
Ahorn (m)	'eder	אֶדֶר (ז)
Fichte (f)	a'ʃuaχ	אַשּׁוּחַ (ז)
Kiefer (f)	'oren	אֹרֶן (ז)
Lärche (f)	arzit	אַרְזִית (נ)
Tanne (f)	a'ʃuaχ	אַשּׁוּחַ (ז)
Zeder (f)	'erez	אֶרֶז (ז)
Pappel (f)	tsaftsefa	צַפְצָפָה (נ)
Vogelbeerbaum (m)	ben χuzrar	בֶּן־חוֹזְרָר (ז)
Weide (f)	arava	עֲרָבָה (נ)
Erle (f)	alnus	אַלְנוּס (ז)
Buche (f)	aʃur	אַשּׁוּר (ז)
Ulme (f)	bu'kitsa	בּוּקִיצָה (נ)
Esche (f)	mela	מֵילָה (נ)
Kastanie (f)	armon	עַרְמוֹן (ז)
Magnolie (f)	mag'nolya	מַגְנוֹלְיָה (נ)
Palme (f)	'dekel	דֶּקֶל (ז)
Zypresse (f)	broʃ	בְּרוֹשׁ (ז)
Mangrovenbaum (m)	mangrov	מַנְגְרוֹב (ז)
Baobab (m)	ba'obab	בָּאוֹבָּב (ז)
Eukalyptus (m)	eika'liptus	אֵיקָלִיפְּטוּס (ז)
Mammutbaum (m)	sek'voya	סְקוֹוֹיָה (נ)

95. Büsche

Strauch (m)	'siaχ	שִׂיחַ (ז)
Gebüsch (n)	'siaχ	שִׂיחַ (ז)

| Weinstock (m) | 'gefen | גֶּפֶן (ז) |
| Weinberg (m) | 'kerem | כֶּרֶם (ז) |

Himbeerstrauch (m)	'petel	פֶּטֶל (ז)
schwarze Johannisbeere (f)	'siax dumdemaniyot ʃxorot	שִׂיחַ דוּמְדְּמָנִיּוֹת שְׁחוֹרוֹת (ז)
rote Johannisbeere (f)	'siax dumdemaniyot adumot	שִׂיחַ דוּמְדְּמָנִיּוֹת אֲדוּמּוֹת (ז)
Stachelbeerstrauch (m)	xazarzar	חֲזַרְזַר (ז)

Akazie (f)	ʃita	שִׁיטָה (נ)
Berberitze (f)	berberis	בַּרְבָּרִיס (ז)
Jasmin (m)	yasmin	יַסְמִין (ז)

Wacholder (m)	ar'ar	עַרְעָר (ז)
Rosenstrauch (m)	'siax vradim	שִׂיחַ וְרָדִים (ז)
Heckenrose (f)	'vered bar	וֶרֶד בָּר (ז)

96. Obst. Beeren

Frucht (f)	pri	פְּרִי (ז)
Früchte (pl)	perot	פֵּירוֹת (ז"ר)
Apfel (m)	ta'puax	תַּפּוּחַ (ז)
Birne (f)	agas	אַגָּס (ז)
Pflaume (f)	ʃezif	שְׁזִיף (ז)

Erdbeere (f)	tut sade	תּוּת שָׂדֶה (ז)
Sauerkirsche (f)	duvdevan	דּוּבְדְּבָן (ז)
Süßkirsche (f)	gudgedan	גּוּדְגְּדָן (ז)
Weintrauben (pl)	anavim	עֲנָבִים (ז"ר)

Himbeere (f)	'petel	פֶּטֶל (ז)
schwarze Johannisbeere (f)	dumdemanit ʃxora	דוּמְדְּמָנִית שְׁחוֹרָה (נ)
rote Johannisbeere (f)	dumdemanit aduma	דוּמְדְּמָנִית אֲדוּמָּה (נ)
Stachelbeere (f)	xazarzar	חֲזַרְזַר (ז)
Moosbeere (f)	xamutsit	חֲמוּצִית (נ)

Apfelsine (f)	tapuz	תַּפּוּז (ז)
Mandarine (f)	klemen'tina	קְלֶמֶנְטִינָה (נ)
Ananas (f)	'ananas	אֲנָנָס (ז)

| Banane (f) | ba'nana | בַּנָנָה (נ) |
| Dattel (f) | tamar | תָּמָר (ז) |

Zitrone (f)	limon	לִימוֹן (ז)
Aprikose (f)	'miʃmeʃ	מִשְׁמֵשׁ (ז)
Pfirsich (m)	afarsek	אֲפַרְסֵק (ז)

| Kiwi (f) | 'kivi | קִיוִוי (ז) |
| Grapefruit (f) | eʃkolit | אֶשְׁכּוֹלִית (נ) |

Beere (f)	garger	גַּרְגֵּר (ז)
Beeren (pl)	gargerim	גַּרְגְּרִים (ז"ר)
Preiselbeere (f)	uxmanit aduma	אוּכְמָנִית אֲדוּמָּה (נ)
Walderdbeere (f)	tut 'ya'ar	תּוּת יַעַר (ז)
Heidelbeere (f)	uxmanit	אוּכְמָנִית (נ)

97. Blumen. Pflanzen

Blume (f)	'peraχ	פֶּרַח (ז)
Blumenstrauß (m)	zer	זֵר (ז)
Rose (f)	'vered	וֶרֶד (ז)
Tulpe (f)	tsiv'oni	צִבְעוֹנִי (ז)
Nelke (f)	tsi'poren	צִיפּוֹרֶן (ז)
Gladiole (f)	glad'yola	גְּלַדְיוֹלָה (נ)
Kornblume (f)	dganit	דְּגָנִית (נ)
Glockenblume (f)	pa'amonit	פַּעֲמוֹנִית (נ)
Löwenzahn (m)	ʃinan	שִׁינָן (ז)
Kamille (f)	kamomil	קָמוֹמִיל (ז)
Aloe (f)	alvai	אַלְוַי (ז)
Kaktus (m)	'kaktus	קַקְטוּס (ז)
Gummibaum (m)	'fikus	פִיקוּס (ז)
Lilie (f)	ʃoʃana	שׁוֹשַׁנָה (נ)
Geranie (f)	ge'ranyum	גֵּרַנְיוּם (ז)
Hyazinthe (f)	yakinton	יָקִינְטוֹן (ז)
Mimose (f)	mi'moza	מִימוֹזָה (נ)
Narzisse (f)	narkis	נַרְקִיס (ז)
Kapuzinerkresse (f)	'kova hanazir	כּוֹבַע הַנָּזִיר (ז)
Orchidee (f)	saχlav	סַחְלָב (ז)
Pfingstrose (f)	admonit	אַדְמוֹנִית (נ)
Veilchen (n)	sigalit	סִיגָלִית (נ)
Stiefmütterchen (n)	amnon vetamar	אַמְנוֹן וְתָמָר (ז)
Vergissmeinnicht (n)	ziχ'rini	זִכְרִינִי (ז)
Gänseblümchen (n)	marganit	מַרְגָּנִית (נ)
Mohn (m)	'pereg	פֶּרֶג (ז)
Hanf (m)	ka'nabis	קָנָאבִּיס (ז)
Minze (f)	'menta	מֶנְתָה (נ)
Maiglöckchen (n)	zivanit	זִיוָנִית (נ)
Schneeglöckchen (n)	ga'lantus	גָלָנְטוּס (ז)
Brennnessel (f)	sirpad	סִרְפָּד (ז)
Sauerampfer (m)	χum'a	חוּמְעָה (נ)
Seerose (f)	nufar	נוּפָר (ז)
Farn (m)	ʃaraχ	שְׂרָךְ (ז)
Flechte (f)	χazazit	חֲזָזִית (נ)
Gewächshaus (n)	χamama	חֲמָמָה (נ)
Rasen (m)	midʃa'a	מִדְשָׁאָה (נ)
Blumenbeet (n)	arugat praχim	עֲרוּגַת פְּרָחִים (נ)
Pflanze (f)	'tsemaχ	צֶמַח (ז)
Gras (n)	'deʃe	דֶּשֶׁא (ז)
Grashalm (m)	giv'ol 'esev	גִּבְעוֹל עֵשֶׂב (ז)

Blatt (n)	ale	עָלֶה (ז)
Blütenblatt (n)	ale ko'teret	עָלֶה כּוֹתֶרֶת (ז)
Stiel (m)	giv'ol	גִּבְעוֹל (ז)
Knolle (f)	'pka'at	פְּקַעַת (נ)

| Jungpflanze (f) | 'nevet | נֶבֶט (ז) |
| Dorn (m) | kots | קוֹץ (ז) |

blühen (vi)	lif'roaχ	לִפְרוֹחַ
welken (vi)	linbol	לִנְבּוֹל
Geruch (m)	'reaχ	רֵיחַ (ז)
abschneiden (vt)	ligzom	לִגְזוֹם
pflücken (vt)	liktof	לִקְטוֹף

98. Getreide, Körner

Getreide (n)	tvu'a	תְּבוּאָה (נ)
Getreidepflanzen (pl)	dganim	דְּגָנִים (ז"ר)
Ähre (f)	ʃi'bolet	שִׁיבּוֹלֶת (נ)

Weizen (m)	χita	חִיטָּה (נ)
Roggen (m)	ʃifon	שִׁיפּוֹן (ז)
Hafer (m)	ʃi'bolet ʃu'al	שִׁיבּוֹלֶת שׁוּעָל (נ)
Hirse (f)	'doχan	דּוֹחַן (ז)
Gerste (f)	se'ora	שְׂעוֹרָה (נ)

Mais (m)	'tiras	תִּירָס (ז)
Reis (m)	'orez	אוֹרֶז (ז)
Buchweizen (m)	ku'semet	כּוּסֶמֶת (נ)

Erbse (f)	afuna	אֲפוּנָה (נ)
weiße Bohne (f)	ʃu'it	שְׁעוּעִית (נ)
Sojabohne (f)	'soya	סוֹיָה (נ)
Linse (f)	adaʃim	עֲדָשִׁים (נ"ר)
Bohnen (pl)	pol	פּוֹל (ז)

LÄNDER DER WELT

99. Länder. Teil 1

Afghanistan	afganistan	אַפְגָּנִיסְטָן (נ)
Ägypten	mits'rayim	מִצְרַיִם (נ)
Albanien	al'banya	אַלְבַּנְיָה (נ)
Argentinien	argen'tina	אַרְגֶּנְטִינָה (נ)
Armenien	ar'menya	אַרְמֶנְיָה (נ)
Aserbaidschan	azerbaidʒan	אָזֶרְבַּייגָ'ן (נ)
Australien	ost'ralya	אוֹסְטְרַלְיָה (נ)
Bangladesch	bangladeʃ	בַּנְגְלָדֶשׁ (נ)
Belgien	'belgya	בֶּלְגְיָה (נ)
Bolivien	bo'livya	בּוֹלִיבְיָה (נ)
Bosnien und Herzegowina	'bosniya	בּוֹסְנִיָה (נ)
Brasilien	brazil	בְּרָזִיל (נ)
Bulgarien	bul'garya	בּוּלְגַרְיָה (נ)
Chile	'tʃile	צִ'ילֶה (נ)
China	sin	סִין (נ)
Dänemark	'denemark	דֶּנְמַרְק (נ)
Deutschland	ger'manya	גֶּרְמַנְיָה (נ)
Die Bahamas	iyey ba'hama	אִיֵי בָּהָאמָה (ז"ר)
Die Vereinigten Staaten	artsot habrit	אַרְצוֹת הַבְּרִית (נ"ר)
Dominikanische Republik	hare'publika hadomeni'kanit	הָרֶפּוּבְּלִיקָה הַדּוֹמִינִיקָנִית (נ)
Ecuador	ekvador	אֶקְוָודוֹר (נ)
England	'angliya	אַנְגְלִיָה (נ)
Estland	es'tonya	אֶסְטוֹנְיָה (נ)
Finnland	'finland	פִינְלַנְד (נ)
Frankreich	tsarfat	צָרְפַת (נ)
Französisch-Polynesien	poli'nezya hatsarfatit	פּוֹלִינֶזְיָה הַצָרְפָתִית (נ)
Georgien	'gruzya	גְרוּזְיָה (נ)
Ghana	'gana	גָאנָה (נ)
Griechenland	yavan	יָוָון (נ)
Großbritannien	bri'tanya hagdola	בְּרִיטַנְיָה הַגְדוֹלָה (נ)
Haiti	ha''iti	הָאִיטִי (נ)
Indien	'hodu	הוֹדוּ (נ)
Indonesien	indo'nezya	אִינְדוֹנֶזְיָה (נ)
Irak	irak	עִירָאק (נ)
Iran	iran	אִירָן (נ)
Irland	'irland	אִירְלַנְד (נ)
Island	'island	אִיסְלַנְד (נ)
Israel	yisra'el	יִשְׂרָאֵל (נ)
Italien	i'talya	אִיטַלְיָה (נ)

100. Länder. Teil 2

Jamaika	dʒa'maika	גָ'מֵייקָה (נ)
Japan	yapan	יָפָן (נ)
Jordanien	yarden	יַרְדֵן (נ)

Kambodscha	kam'bodya	קַמְבּוֹדְיָה (נ)
Kanada	'kanada	קָנָדָה (נ)
Kasachstan	kazaxstan	קָזַחְסְטָן (נ)
Kenia	'kenya	קֶנְיָה (נ)
Kirgisien	kirgizstan	קִירְגִיזְסְטָן (נ)
Kolumbien	ko'lombya	קוֹלוֹמְבִּיָה (נ)
Kroatien	kro''atya	קְרוֹאַטְיָה (נ)
Kuba	'kuba	קוּבָּה (נ)
Kuwait	kuveit	כּוּוַיְת (נ)

Laos	la'os	לָאוֹס (נ)
Lettland	'latviya	לַטְבִיָה (נ)
Libanon (m)	levanon	לְבָנוֹן (נ)
Libyen	luv	לוב (נ)
Liechtenstein	liχtenʃtain	לִיכְטֶנשְטַיין (נ)
Litauen	'lita	לִיטָא (נ)
Luxemburg	luksemburg	לוּקְסֶמְבּוּרְג (נ)

Madagaskar	madagaskar	מָדָגַסְקָר (ז)
Makedonien	make'donya	מָקֵדוֹנְיָה (נ)
Malaysia	ma'lezya	מָלֵזְיָה (נ)
Malta	'malta	מַלְטָה (נ)
Marokko	ma'roko	מָרוֹקוֹ (נ)
Mexiko	'meksiko	מֶקְסִיקוֹ (נ)
Moldawien	mol'davya	מוֹלְדַבְיָה (נ)
Monaco	mo'nako	מוֹנָקוֹ (נ)
Mongolei (f)	mon'golya	מוֹנְגוֹלִיָה (נ)
Montenegro	monte'negro	מוֹנְטֶנֶגְרוֹ (נ)
Myanmar	miyanmar	מְיַאנְמָר (נ)

Namibia	na'mibya	נָמִיבִּיָה (נ)
Nepal	nepal	נֶפָּאל (נ)
Neuseeland	nyu 'ziland	נְיוּ זִילַנְד (נ)
Niederlande (f)	'holand	הוֹלַנְד (נ)
Nordkorea	ko'rei'a haʦfonit	קוֹרֵיאָה הַצְפוֹנִית (נ)
Norwegen	nor'vegya	נוֹרְבֶגְיָה (נ)
Österreich	'ostriya	אוֹסְטְרִיָה (נ)

101. Länder. Teil 3

Pakistan	pakistan	פָּקִיסְטָן (נ)
Palästina	falastin	פָּלַסְטִין (נ)
Panama	pa'nama	פָּנָמָה (נ)
Paraguay	paragvai	פָּרַגְוַואי (נ)
Peru	peru	פֶּרוּ (נ)
Polen	polin	פּוֹלִין (נ)
Portugal	portugal	פּוֹרְטוּגָל (נ)

Republik Südafrika	drom 'afrika	דְּרוֹם אַפְרִיקָה (נ)
Rumänien	ro'manya	רוֹמַנְיָה (נ)
Russland	'rusya	רוּסְיָה (נ)

Sansibar	zanzibar	זַנְזִיבָּר (נ)
Saudi-Arabien	arav hasa'udit	עֲרָב הַסָּעוּדִית (נ)
Schottland	'skotland	סְקוֹטְלַנְד (נ)
Schweden	'ʃvedya	שְׁבֶדְיָה (נ)
Schweiz (f)	'ʃvaits	שְׁוַוייְץ (נ)
Senegal	senegal	סֶנֶגָל (נ)
Serbien	'serbya	סֶרְבִּיָה (נ)
Slowakei (f)	slo'vakya	סְלוֹבַקְיָה (נ)
Slowenien	slo'venya	סְלוֹבֶנְיָה (נ)
Spanien	sfarad	סְפָרַד (נ)
Südkorea	ko'rei'a hadromit	קוֹרֵיאָה הַדְרוֹמִית (נ)
Suriname	surinam	סוּרִינָאם (נ)
Syrien	'surya	סוּרְיָה (נ)

Tadschikistan	tadʒikistan	טַגִ׳יקִיסְטָן (נ)
Taiwan	taivan	טַייְוָון (נ)
Tansania	tan'zanya	טַנְזַנְיָה (נ)
Tasmanien	tas'manya	טַסְמַנְיָה (נ)
Thailand	'tailand	תָאִילַנְד (נ)
Tschechien	'tʃeχya	צֶ׳כְיָה (נ)
Tunesien	tu'nisya	טוּנִיסְיָה (נ)
Türkei (f)	'turkiya	טוּרְקִיָה (נ)
Turkmenistan	turkmenistan	טוּרְקְמֶנִיסְטָן (נ)

Ukraine (f)	uk'rayna	אוּקְרַאִינָה (נ)
Ungarn	hun'garya	הוּנְגַרְיָה (נ)
Uruguay	urugvai	אוּרוּגְוַואי (נ)
Usbekistan	uzbekistan	אוּזְבֶּקִיסְטָן (נ)

Vatikan (m)	vatikan	וָתִיקָן (ז)
Venezuela	venetsu"ela	וֶנֶצוּאֶלָה (נ)
Vereinigten Arabischen Emirate	iχud ha'emi'royot ha'araviyot	אִיחוּד הָאֱמִירֻיּוֹת הָעֲרָבִיּוֹת (ז)
Vietnam	vyetnam	וְיֶטְנָאם (נ)
Weißrussland	'belarus	בֶּלָרוּס (נ)
Zypern	kafrisin	קַפְרִיסִין (נ)

97

www.ingramcontent.com/pod-product-compliance
Lightning Source LLC
Chambersburg PA
CBHW070834050426
42452CB00011B/2269